죽을 때 후회하는
스물다섯 가지

KB073494

옮긴이 황소연

대학에서 일본어를 전공하고 출판사 편집자를 거쳐 현재 20년 넘는 기간 동안 전문 번역가로 활동하고 있으며, '바른번역 글밥 아카데미'에서 출판번역 강의를 맡아 후배 번역가를 양성하고 있다. 독자에게 따스한 미소를 선사하는 '미소 번역가'가 되기 위해 오늘도 일본어와 우리말 사이에서 행복한 씨름 중이다.

옮긴 책으로는 『요시모토 바나나의 인생을 만들다』, 『감동을 남기고 떠난 열두 사람』, 『남은 생 180일』, 『죽을 때 후회하지 않는 사람들의 습관』, 『뇌과학자의 특별한 육아법』, 『내 몸 안의 뇌와 마음 탐험, 신경정신의학』 등 100여 권이 있다.

1000명의 죽음을 지켜본 호스피스 전문의가 말하는

죽을 때 후회하는
스물다섯 가지

오츠 슈이치 지음
황소연 옮김

21세기북스

과학자에게 죽음이 무엇인지 물어본다면, 우리 신체의 약 30조 개의 신체 세포가 생명 활동을 영원히 정지하는 상태permanent cessation of vital reactions of individual라고 설명할 것이다. 그러나 이렇게 건조하게 정의하기에 죽음은 너무나도 크고 돌이킬 수 없는 일이다. 죽음은 누구에게나 공평하고, 그때가 언제일지 정확히 알 수 없지만 반드시 맞닥뜨릴 수밖에 없는 실체가 있는 경험이다. 그럼에도 대부분 사람은 죽음이라는 단어 자체를 회피하고 나와는 관계없는 불길한 것으로 여긴다. 그래서 사람들은 '언제 죽을지도 모르는데 죽음을 생각하고 준비해야 할 이유가 있을까?' 하고 생각한다. 이것은 앞서 이야기했듯, 죽음이란 우리 모두에게 평등하게 찾아오지만, 경험자의 이야기를 들을 수 없기에 정체를 알 수 없고 누구와 나눌 수도 없는, 혼자 오롯이 경험할 수밖에 없는 사건이기 때문일 것이다. 그러나 불회피성과 평등성, 개별성이 죽음의 특성이라는 이유로, 죽음에 대한 사유 또한 필요 없는 것일까?

삶이 탄생에서 죽음으로 완결이 되는 것이라고 본다면, 죽음이 없어진 삶은 이상향이 아닌 생각할 수조차 없는 이상한 현상이 될 것이다. 죽음이 없다면 우리는 지루한 영원성에 갇혀 삶의 모든 행위에서 허무함과 공허만을 느낄 것이다. 사랑과 일, 자아실현조차 언제까지든 미룰 수 있는 불필요한 일이 될 것이다. 결국 죽음이라는 존재를 무의식에라도 알고 있기 때문에, 오늘 우리가 지금의 삶을 살 수 있다고 봐도 크게 틀리지 않다. 이러한 죽음을 두고 아무 준비를 하지 않는 것은, 결국 현재 삶을 살아갈 의미를 찾지 못한다는 뜻과 같다. 그래서 우리는 죽음을 반드시 곱씹어 봐야 한다. 이 책

『죽을 때 후회하는 스물다섯 가지』는 호스피스 전문의인 저자가 우리에게 죽음에 대한 깊은 사유를 조곤조곤 이야기하며, 역설적으로 어떻게 살 것인지 조언한다.

본문 중에서 기억에 오래 머문 조언은 '만나고 싶은 사람을 만나라'라는 말이었다. 『일기일회一期一會』라는 책에서 법정 스님이 말씀하신 '사는 일의 고마움과 두 번 다시 오지 않을 삶'을 떠올리게 했다. 오늘 우리 삶은 단 한 번이고, 지금 이 시간도 생애 단 한 번의 순간이며, 지금 이 만남 또한 어쩌면 생애 한 번의 기회이고 인연일 수 있다.

호라티우스의 라틴어 시에 '카르페 디엠Carpe Diem'이란 말이 있다. 이 말은 '모든 일은 생애 단 한 번이니 지금 이 순간을 놓치지 말라'는 뜻으로 일기일회와 의미가 닿아 있다. 이 책은 '간절히 보고 싶은 사람이 있다면 그리고 만날 기회가 아직 있다면, 마냥 시간이 흘러가게 놓아두지 말라' 호소한다. 아마도 '그' 사람을 만나는 일이 어쩌면 일기일회인 이 삶에서 지금 이 순간을 잡도록 하는 '카르페 디엠'일지 모르기 때문이다.

2018년 한 학술지⋇에 발표된 일반인이 생각하는 '좋은 죽음'의 순서는 '가족에게 부담 주지 않기, 가족과 함께하는 마지막, 남겨진 일의 깔끔한 정리, 통증의 조절, 삶의 의미 확인, 신적 존재와의 평화, 재정적 문제의 해결, 집에서의 임종, 치료 선택의 자율성 및 임종 시 의식 유지'였다. 이 내용이『죽을 때 후회하는 스물다섯 가지』의 책 내용과 거의 일치한다는 점은 참 신기한 일이다. 부디 독자들이 이 책을 통해 자기 삶을 숙고할 기회를 가져, 죽음 앞에서도 '진실로 후회 없는 좋은 삶이었다'라고 생각할 수 있는 평안과 안식을 가지기를 기원한다.

유성호(서울대학교 의과대학 교수, 법의학자)

⋇ Yun YH, Kim KN, Sim JA, et al. Priorities of a "good death" according to cancer patients, their family caregivers, physicians, and the general population: a nationwide survey. Supportive Care Cancer. 2018; 26(10): 3479-3488

죽음을 앞에 두고

병실 침대에 누운 그가 조심스럽게 묻는다.

"선생님은 무언가를 후회한 적이 있나요?"
"후, 회라고요?"
"네……."

그는 쏟아지는 졸음을 간신히 떨치고
죽음의 사신을 힘껏 밀어내듯 고개를 끄덕인다.

"선생님은 후회 같은 거 안 하시죠?"

나는 목덜미에 매달린 청진기를 만지작거린다.
손끝에 닿은 서늘한 감촉이
척수를 통과해 뇌에 이른다.

"하지요, 후회……."
"정말요?"
"늘 후회합니다."

이상주의자나 로맨티스트는 기대나 희망을 배반하는
현실과 그에 따르는 필연적인 후회를 감내해야 하는 법.
그런 의미에서 나는 후회하는 데는 선수나 다름없다.
　말기 의료의 최전선에서 정답 없는 질문이 쏟아질
때마다 '이런 처방을 했더라면……', '이런 말씀을 드렸
더라면……' 하고 뒤늦게 후회하곤 하니까.
　나는 딱딱하게 굳어 있던 표정을 풀고 살짝 미소를
짓는다. 이 미소에는 자조가 아니라 나 역시 후회하고
또 뉘우치는 나약한 인간임을 시인하는 체념의 뜻이 담
겨 있다.

"저도 항상 가슴을 치며 후회합니다."

재차 강조하자 그의 얼굴이 한결 부드러워진다.

"선생님도 후회하는군요."

그는 비로소 마음이 편안해진 듯 목소리와 표정에 평온한 기운이 감돈다.

"물론 후회하고말고요."

지금까지 천 명이 넘는 환자를 떠나보내면서 '후회'에 관한 질문을 얼마나 많이 받았던가!

나는 말기 암 환자의 고통을 덜어주는 완화 의료 전문의다. 암 말기에는 상상을 초월하는 극심한 고통에 시달린다. 환자를 가장 힘들게 하는 것이 바로 이 고통이다. 따라서 고통을 조금이라도 줄일 수 있도록 약을 처방하거나 그 외 여러 방법으로 치료하는 것이 내가 하는 일이다. 이를테면 고통 감소 전문가라 할 수 있다.

그러나 신체의 고통은 어느 정도 줄여줄 수 있지만 마음에서 오는 아픔은 달래기 어렵다. 심각한 마음의 고통을 호소하는 환자를 만나면 마땅한 처방전을 찾지 못해 속만 태운다. 내 힘으로는 어찌 할 수 없는, 도저히 해결할 수 없는 문제를 환자가 고백이라도 할 때면 어떻게 해야 할지 난감하기만 하다. 그저 벌거벗은 한 명의 인간으로서 마주 앉아 환자의 이야기를 묵묵히 들어주는 수밖에……. 그럴 때마다 내 얼굴에는 먹구름이 드리운다.

돌이킬 수 없는 후회를 고백하는 그의 곁에서 나는 귀를 쫑긋 세운다. 그와 마음을 나누는 일이 내가 할 수 있는 유일한 치료이므로. 나는 그가 후회를 고스란히 간직한 채 이대로 떠나는 것을 원하지 않는다. 마른침을 삼키고 자세를 고쳐 앉으며 묻는다.

"무엇을 가장 후회하시나요?"

그는 천천히 입을 연다.

"저는⋯⋯."

인간은 후회를 먹고 사는 생물이다. 환자들은 숨을 거두는 마지막 순간에 자신의 인생을 돌아보며 회한을 품는다.

누구나 후회한다. 그러나 후회의 정도에는 사람마다 큰 차이가 있다. 당연한 이야기지만, 내일 죽을지도 모른다고 생각하며 살아온 사람은 후회가 적다. 죽음을 염두에 둔 사람은 삶이 유한하다는 사실을 알고 열심히 살아간다. 하루하루 최선을 다하며 순간순간 스쳐 지나가는 인연을 소중히 여기면서⋯⋯. 실제로 눈을 감는 마지막 순간에 "선생님, 지금 죽어도 여한이 없습니다"라고 당당하게 말하는 환자도, 아주 드물지만, 분명히 있다.

어느 순간 나는 많은 사람의 마지막을 지켜보면서 누구나 느끼는 후회, 인생에서 풀지 못한 숙제에 공통분모가 있다는 사실을 깨달았다. 지금부터 그 공통분모를 여러 사람과 나누고자 한다.

차
례

contents

첫 번째 후회

사랑하는 사람에게
고맙다는 말을 많이 했더라면

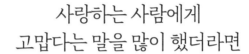

병원에 있으면 다양한 사랑의 모습을 보게 된다.
　　누구에게나 '사랑'이라는 단어는 소중한 사람을
떠오르게 하는 말일 것이다. 연인, 남편 혹은 부인,
아이들, 장성한 아들딸, 그리고 절친한 벗…….

)))) ◗ ● ◖ ((((

당신은 소중한 사람들에게 사랑한다는 말을 건넨 적이 몇 번이나 있는가? 신기하게도 이 말은 가장 익숙하면서도 한편으로는 가장 입 밖으로 내기 어려운 말이다. 말을 하는 사람도 또 듣는 사람도 익숙해지려면 다소 시간이 걸린다. 특히 나이가 지긋한 세대 중에는 '사랑해'라는 말을 일 년에 한 번도 하지 않는 사람이 많을 것이다. 이런 이들에게 장소와 시간에 구애받지 않고 자유롭게 구사할 수 있는 마법의 언어, '고마워'를 추천하고 싶다. 고맙다는 인사만으로도 충분히 마음을 전할수 있을 테니까. 그리고 여기, 마지막 순간에 만감을 담아 고맙다는 인사를 남긴 한 남자의 이야기가 있다.

Y선생은 일흔을 한참 넘긴 남자 환자였다. 그는 대학에서 학생들을 가르치다가 정년퇴임하고 교토 시내에서 홀로 지내고 있었다. 젊은 시절, K대에 입학하기

위해 고향이었던 아키타 현을 떠난 이후 쉰 해가 넘도록 그곳을 찾지 않았다. 결혼도 하지 않은 채 오직 학문에만 전념한 외골수 인생이었다.

Y선생의 첫인상은 그야말로 깐깐한 노교수였다. 큰소리를 내지 않을 뿐이지 그의 고집은 황소라도 꺾을 기세였다. 그런 그의 몸에서 대장암 덩어리를 발견했을 때, K대학병원 담당 의사는 강력하게 수술을 권했다. 타당한 권유였다. 종양이 완벽히 제거되면 완치도 충분히 가능했다. 하지만 Y선생은 의사의 제안을 막무가내로 거부했다. 말도 되지 않는 이유였다.

"나는 수술이 싫소. 절대로 하지 않겠소."

그의 억지를 당해낼 사람은 아무도 없었다. 모두 혀를 내두를 정도로 대단한 똥고집이었다. 결국 수술 동의서에는 끝까지 사인을 하지 않았다. 그러자 가장 난처해진 사람은 담당 의사였다. Y선생은 명망 있는 동문 선배이자 존경받는 교육자였다. 이런 중요한 환자를 아무 치료도 하지 않은 채 손 놓고 있다면 대학병원 의사로서 그리고 그의 후배로서 곤란하고 어려운 상황에 처할 것이 분명했다. 어쩌면 Y선생의 동문 가운데 누군가에게 호되게 혼이 날지도 모를 일이었다. 이런저런 사정 때문에 대학병원에서도 Y선생을 설득하기 위해 할 수 있는 방법은 모두 동원했다. 하지만 주위의 이런 눈물겨운 노력에도 불구하고 그는 끝까지 고개를 끄덕이지 않았다.

"내가 안 하겠다는데 도대체 왜 그렇게 말들이 많아? 몇 번 말해야 알아듣겠어, 자네들은!"

그의 고집에는 어떤 것도 통하지 않았다. 대학병원에서도 치료를 거부하는 환자를 오래 입원시킬 수는 없다. 담당 의사는 내가 근무하는 병원의 내과 부장과 연락해서 Y선생을 우리 병원으로 옮기게 했다.

그 선택은 옳았다. 독신 생활을 이어나가기에 환자

죽을 때 후회하는 스물다섯 가지

의 체력은 현저히 떨어져 있었다. 그는 간병인도 한사코 거부했다. 심장도 폭탄이나 마찬가지일 정도로 좋지 않아 발작 위험 때문에 집에서 혼자 생활한다는 것은 도저히 무리였다. 왕진 의사를 보낸다고 해도 그와 잘 지낼 가능성은 거의 제로에 가까웠다. 결국 병원의 장기 입원이 필요한 상황이었다.

다행히 우리 병원의 내과 부장과 Y선생은 그럭저럭 궁합이 맞았다. 병세도 더는 악화되지 않았다. 권위에 다소 약했던 Y선생은 간호사나 다른 의료진과는 자주 부딪혔지만 적어도 내과 부장이라는 직함을 가진 담당 의사와는 싸우지 않고 별 탈 없이 지냈다.

그러나 사건은 선생이 입원한 지 여섯 달이 지난 어느 날에 벌어졌다. 내과 부장이 Y선생에게 나를 소개했다.

"Y선생님, 이쪽은 오츠 선생입니다. 오츠 선생은 통증 완화 전문의니까 여러 가지 문제를 상담하시면 좋을 겁니다."

그의 첫인상은 강렬했다. 앙상하게 마른 몸에 긴 얼굴. 그는 기분 나쁜 시선으로 나를 머리에서부터 발끝까지 훑어보았다. 마치 생물학 교수가 연구 대상을 관찰하는 눈빛이었다.

"안녕하세요? 오츠라고 합니다."

내가 가볍게 고개를 숙이자 그가 말했다.

"자네는, 아니 선생은 굉장히 어려보이는구먼. 꼭 학생 같소. 그건 그렇고 나한테 무슨 통증이랄 게 있다고 상담을 하라는 건지 원."

나는 미소를 지으며 대답했다.

"그럼 잘 부탁드리겠습니다."

지금 돌아보면, 그때의 만남은 운명의 전주곡이 아

니었나 싶다.

그로부터 며칠 후 나는 마른하늘에 날벼락 같은 소식을 접했다.

"내과 부장님이 개업을 하신다고요?"

그렇다면 Y선생의 새 주치의는 내 몫이 될 게 분명했다. 나는 곧장 내과 부장에게 달려갔다.

"선생님, 혹시 Y선생을 제가 맡아야 하는 건……."

기어들어가는 목소리로 말끝을 흐리는 나에게 부장은 방긋 웃으며 대답했다.

"괜찮아, 오츠 선생이라면 잘 지낼 수 있을 거야."

그는 명실공히 내과 부장이라 Y선생과 충돌 없이 잘 지낼 수 있었다. 게다가 내과 부장은 정면 공격형 의사

가 아니라 당근과 채찍을 능숙하게 부릴 줄 아는 측면
수비형 책사였다. 신경질적이면서도 대책 없는 나와 Y
선생은 사사건건 부딪칠 게 뻔했다. 나는 몹시 불안했
다. 그러나 시간이 흘러 내과 부장은 병원을 그만두었
고, 나는 결국 Y선생의 주치의가 되었다.

"안녕하세요?"
"또, 자넨가?"

매일 아침 회진을 돌 때마다 이불을 어깨까지 뒤집
어쓰고 누워 있는 Y선생은 늘 못마땅한 표정으로 나를
대했다.

"그래, 오늘은 뭔 일이야?"
"특별한 용건은 아니고 회진 중입니다."
"알았네."

그는 말이 끝나기가 무섭게 싸늘한 바람을 일으키며

벽을 향해 돌아누웠다. 이래서야 제대로 진찰을 할 수가 없었다.

"오늘은 좀 어떠세요?"

"아무렇지도 않아. 도대체 내가 왜 병원에 있어야 하는지 모르겠구먼."

"그야 편찮으시니까 그렇죠."

"그리고 어째서 내가 지금 이 병원에 누워 있는 거지? 다시 K대학병원으로 가고 싶네. 거기가 일본 최고의 병원이라고."

"K대 병원에서 선생님을 꺼리는 걸 어쩌지요?"

"말도 안 돼! 거긴 내 모교 병원이야. 나는 K대 졸업생이라고. 동문을 거부할 리가 없지. 천하의 K대 아닌가!"

나는 슬슬 부아가 치밀었다.

"선생님 뜻은 잘 알겠습니다만 방법이 없잖습니까?

그러니 여기서 잘 지내시죠."

크고 작은 언쟁이 매일 이어졌다. 아침마다 병실을 찾는 일마저 힘겨웠다. 게다가 간호사의 원성도 하늘을 찔렀다.

"선생님, 저 환자는 도대체 언제까지 병원에 있나요? 너무 힘들어요."

"받아주는 병원도 없는데 무작정 퇴원시킬 수는 없잖아요. 그렇다고 왕진 의사가 그 환자를 돌봐주겠어요?"

말기 암 환자를 받아주는 병원은 많지 않다. 게다가 환자의 성격이 보통이 아니다. 어디를 가더라도 며칠 고래고래 소리만 지르다가 쫓겨날 게 뻔했다. 순간 머릿속에 뜻밖의 생각이 들었다.

'정말로 집에 가고 싶으면 이 고집불통 노교수는 분

명 기어서라도 퇴원했을 것이다. 그런데도 교수는 병원을 떠나지 않고 있다. 오랜 세월 홀로 외롭게 지내다 보니 표현이 서툴러서 그렇지, 많은 사람이 북적대는 병원 생활을 내심 좋아하고 있는 게 아닐까?'

"어, 의사 선생 왔네?"

매일 씨름하는 동안 Y선생은 조금씩 나를 의사로 인정해주었다. 하지만 마치 이를 잡듯 사람을 관찰하는 눈초리는 여전했다.

"선생, 속이지 마."
"속인다고요?"
"아프지도 않은 나를 여기 병원에 가둬놓고 있잖아."
"선생님 체력이 조금씩 떨어지고 있어요."

그를 처음 만났을 때와 비교하면 그의 몸은 눈에 띄게 앙상해져 있었다.

"그렇지 않아."

"그런데 왜 선생님은 치료를 거부하세요?"

"난 아프지 않으니까."

반복되는 입씨름을 그만두고 싶은 마음에 나는 화제를 돌렸다.

"그런데 선생님은 아키타가 고향이신가 봐요."

"뭐? 자네, 내 뒷조사를 했구면?"

"아뇨. 여기 진료카드에 적혀 있어서요."

"맞아. 하지만 한 번도 가지 않았어. K대 졸업하고 줄곧 교토에만 있었으니까. 여기서 몇십 년 동안 살았어. 내 집은 온통 책 천지야. 돈도 전부 집에 보관하고 있으니까 우리 집은 보물 금고나 다름없지."

"우와, 굉장하네요."

나는 문득 Y선생에게 형제가 있다는 사실이 떠올랐다.

"그럼 가족분들은 어떻게 지내세요?"

그는 고개를 휙 돌리며 애써 내 시선을 피했다.

"몰라."
"보고 싶지 않으세요?"
"몰라. 나 잘 거야."

그는 입을 굳게 다물었다.

그의 몸에 있는 암세포가 서서히 세력을 넓혀갔다. 그의 체력은 가파르게 떨어졌고, 걸음걸이도 불편해졌다. 배는 복수가 차올라 불룩 튀어나왔다. 그래도 Y 선생은 치료를 완강하게 거부했다. 여러 의사가 다양한 치료 방법을 제안했지만 이를 모두 뿌리쳤다.

"난 환자가 아냐. 그런데 이 배는 뭐야? 선생, 도대체 뭔 짓을 하고 있는 거야?"

그는 의심스러운 눈초리로 나를 응시했다.

"대장에 문제가 있어요."

"아니, 난 병에 걸리지 않았다니까! 난 환자가 아니야!"

그렇게 이 주일 가량 시간이 흘렀다. Y선생은 음식조차 제대로 삼키지 못했고 폐렴까지 겹쳐 몹시 위독한 상태였다. 상태는 나빴지만 다행히 환자가 느끼는 통증은 심하지 않은 모양인지 카랑카랑한 목소리로 퍼붓는 독설은 여전했다. 그즈음 가장 난처했던 문제가 바로 가족이었다.

"가족한테 연락하지 마. 연락하면 절대 안 돼!"

그는 늘 이렇게 외쳤다. 분명 아키타에 있는 형은 그가 아프다는 사실을 전혀 모르고 있을 것이다. 그래도 하나뿐인 혈연이라 병원 의료진과 상의한 끝에 나는 아키타에 있는 그의 형에게 연락을 취했다. 형이라고 하면 못해도 나이가 여든은 족히 넘었으리라. 환자가 사망했을 때 유골과 유품을 인도해야 하는 절차를 부탁하고자 별 기대 없이 전화 버튼을 눌렀다.

"여보세요."
"안녕하세요? 여기는 교토에 있는 병원입니다."

나는 Y선생의 형에게 지금까지의 자초지종을 모두 전했다.

"네, 알겠습니다. 당장 찾아뵙겠습니다."

이 말을 마지막으로 전화가 끊겼다. 당장 온다고는 했지만 아키타는 꽤 멀었다. 바로 출발하기도 어려울 터였다. 더욱이 전화상으로 형은 다리가 불편하다고 말했다. 누군가 대리인을 보낸다는 뜻이겠거니 하고 생각했다. 그런데 다음 날 아침, 간호사가 나를 다급히 찾아와 숨을 몰아쉬며 말했다.

"선생님, Y교수님 형님 되시는 분과 부인께서 오셨습니다."
"네?"

나는 놀라움을 감추고 서둘러 병실로 향했다. 병실에 들어서자 침대에 누워 있는 Y선생 앞에 서 있는 노신사와 그 곁에 앉은 노부인이 보였다. 두 사람 모두 지팡이에 몸을 의지하고 있었다.

"선생님, 처음 뵙겠습니다. 제가 이놈 형입니다."

노신사는 고개를 숙이며 깍듯하게 인사했다.

"아, 오셨군요. 오츠라고 합니다."

어젯밤 전화로 소식을 듣자마자 달려온 형의 신속

죽을 때 후회하는 스물다섯 가지

한 행동에 나는 혀를 내둘렀다. 그러고는 엄청난 불호령을 각오한 채 Y선생이 누워 있는 쪽으로 고개를 돌렸다. 그런데 예상 밖의 장면이 펼쳐졌다. Y선생이 평소와 180도 달랐다. 목소리가 고분고분해진 건 물론이고 고집불통의 태도도 마치 거짓말처럼 사라져 있었다.

"어이, 내가 지금 선생님 말씀 듣고 올 테니까 가만히 누워 있어. 알았지?"

지금까지 한 번도 본 적 없는 얌전한 태도로 Y선생은 고개를 끄덕였다. 나와 함께 병원 복도로 나온 노부부는 지팡이에 의지해서 아주 천천히 걸었다.

'아니, 이 걸음으로 아키타에서?'

감동할 정도로 놀라운 일이었다. 오랫동안 연락이 두절된 가족들에게 환자의 위급한 상태를 알리면 대체로 이런 대답이 돌아온다.

"그 사람, 저희는 몰라요. 인연 끊은 지 오래됐습니다.", "유골만 보내주세요. 화장은 그쪽에서 알아서 하시고요."

이렇게 냉담한 반응을 보이는 것도 어쩔 수 없으리라.

'지금까지 연락 한번 없다가 새삼 이제 와서……'

그런데 Y선생의 가족은 거동이 불편한 몸을 이끌고 아키타에서 교토까지 한걸음에 달려왔다. 통화를 끝내기 무섭게 바로 집을 나선 것이다. 정말 대단한 일이 아닐 수 없다.

노부부는 천천히 진료실로 들어서더니 고개를 숙이며 정중히 인사했다.

"동생 놈이 민폐를 끼쳐서 정말 죄송합니다."

나는 형님의 깍듯한 태도에 당황했다.

"아닙니다, 아닙니다."

"저 녀석은 어릴 적부터 뭐든지 제멋대로였지요. 아마 선생님께서 꽤 힘드셨을 겁니다. 제 얼굴을 봐서라도 부디 용서해주십시오."

연령대를 가늠할 수 없는 굵은 목소리와 당당한 기세에 나도 모르게 기가 죽었다.

"아닙니다. 그렇지 않았습니다. 그렇죠?"

나는 옆에 있던 간호사를 바라보며 동의를 구했다. 그러자 Y선생의 괴팍한 성격에 손사래를 치던 간호사도 눈시울을 적시며 말했다.

"네, 물론이지요. 전혀 민폐 끼치지 않았어요."

너무나 겸손한 형의 모습에 우리는 환자의 독특한 성격을 설명할 기회를 놓치고 말았다. 아니, 우리가 설명하지 않아도 형은 동생의 그러한 성격을 잘 알고 있었다.

"아, 어서 여기 앉으세요."

나는 전화로 대충 이야기한 내용을 소상히 설명하고 그간의 경과를 말했다. 노부부는 진지한 표정으로 내 이야기에 귀를 기울였다.

"선생님……."

이야기가 거의 마무리가 될 무렵, 형은 다짐한 듯 입을 열었다.

"부디 동생을 살려주십시오. 부탁드립니다."
"물론입니다. 저희도 할 수 있는 방법은 모두 해보고 있습니다. 하지만……."
"하지만?"

"동생분이 치료를 완강하게 거부하고 있어요. 저희가 말씀드리는 치료를 받으면 좀 더 편해질 텐데요. 형님께서 말씀해주시면 어쩌면 생각이 바뀔 수 있을지도 모르겠네요."

"네, 잘 알겠습니다. 제가 동생에게 단단히 일러둘 테니까, 부디 제 동생을 잘 부탁드립니다."

몇십 년 만의 재회였다. 그동안 Y선생은 가족들과 소식을 끊고 지냈다. 오랫동안 얼굴도 보지 못한 동생을 이토록 챙기는 형의 모습을 보면서 그들 사이에 아직 남아 있는 형제의 끈끈한 사랑을 확인할 수 있었다.

형은 진찰실 문을 나서자마자 동생의 병실로 향했다. 병실에 들어서자마자 고함을 질렀다.

"이놈아!"

그 목소리에 놀란 Y선생이 자리에서 벌떡 일어났다.

"왜 그래?"

"왜라니! 의사 선생님 말씀을 듣지 않았다고?"

"들었어."

"거짓말하지 마! 선생님께 다 들었어. 이제 선생님 말씀 잘 들을 거지?"

"알았어."

여든이 넘은 형에게 꾸지람을 듣는 일흔이 넘은 Y선생의 모습은 마치 소년 같았다. 나도 모르게 피식 웃음이 났다.

환자의 병세는 상당히 심각한 상태였다. 낮에도 누워 있는 시간이 많았고 호흡도 가빠서 마음의 각오를 단단히 해야 했다.

그런데 형이 오면서부터 신기하게도 병세가 호전되기 시작했다. 가족과의 재회를 고비로 병상은 잠시 소강상태에 머물렀다. 형 부부는 병실에서 동생을 지키면서 며칠 교토에 머물렀다.

"선생님 말씀 잘 들어야 한다. 또 멋대로 굴면서 의사 선생님과 간호사 선생님을 괴롭혔다간 아주 혼날 줄 알아."

"알았어. 아니, 알겠습니다!"

형은 나이를 믿기 힘들 만큼 힘이 넘치는 목소리로 동생에게 다짐을 받고 나서 내게 말했다.

"선생님, 잘 부탁드립니다. 이 녀석이 또 말썽을 피우거나 무슨 일이 생기면 곧장 날아오겠습니다. 그러니 문제가 생기면 저에게 바로 연락을 주십시오."

그렇게 형은 아키타로 떠났다. 안도의 한숨을 내쉬는 Y선생을 뒤로 하고.

예상했던 대로 형과의 약속은 며칠을 넘기지 못했다.

"뭐? 내가 언제? 나는 그렇게 말한 적 없어!"

변함없이 그는 내가 권하는 치료를 거부했다. 그래도 환자와의 거리는 조금 가까워진 듯했다.

"그리고 선생, 진짜 너무했네. 내 허락도 없이 형을 부르다니. 비겁하게."

"하하, 훌륭한 형님을 두셨던데요."

"우리 형이 얼마나 무서운 사람인데."

"형님이 그렇게 무서우세요?"

"당연하지. 우리 형은 가장이라고. 대가족의 우두머리. 형님 말씀은 곧 법이야. 절대 거역할 수 없지. 무서워, 무섭다고."

"그러세요? 근데 벌써 형님 말씀을 거역하시려고 하잖아요?"

"알았어, 알겠으니까 다시는 형을 부르지 않는다고 약속해줘."

하지만 나는 선생의 말과 진심이 전혀 다르다는 것을 알 수 있었다.

"그래도 형님이 계시니까 훨씬 좋아지셨어요. 또 모셔올까 봐요."

"앗, 잠깐만!"

선생의 따가운 시선을 모른 척하고 나는 병실을 나왔다. 고집쟁이 Y선생의 전혀 다른 모습을 보니 친근하게 느껴졌다. 무엇보다 가장 놀라운 사실은 일주일을 넘기기 힘들 것 같았던 환자의 병세가 다시 좋아진 것이었다. 그야말로 가족 사랑의 힘이라는 생각이 들었다.

그렇게 한 달이 지나고 두 달째에 접어들자, 다시 암세포가 고개를 들었다. 선생은 하루가 다르게 쇠약해졌다. 몸은 뼈만 앙상하게 남았고 침대 위에 축 늘어져 있는 시간이 늘어났다.

그러던 어느 날 저녁, Y선생의 혈압이 조금씩 떨어지기 시작했다. 나는 마지막이 다가오고 있다는 사실을 느꼈다. 그의 형에게 전화를 넣을까 말까 망설였다. 형도 다리가 불편할 뿐 아니라, 심장과 다른 장기에도 여러 질병이 있어서 걸어 다니는 시한폭탄이나 다름없었다. 그때 어디선가 형의 목소리가 들리는 듯했다.

"혹시라도 무슨 일이 생기면 바로 오겠습니다. 그러니 문제가 있으면 저에게 전화를 주십시오."

형이 말한 그때가 바로 지금인 것 같았다. 나는 천천히 전화 버튼을 눌렀다. 대화는 간단했다.

"여보세요. 교토의 병원입니다."

내가 말을 건네자 수화기 저편에서 형은 기침을 하면서 대답했다.

"선생님, 동생한테 무슨 일이라도?"
"괜찮으세요?"
"네, 괜찮습니다. 동생은요?"
"아무래도 며칠을 넘기기 어려울 것 같습니다."
"네, 선생님. 제가 바로 가겠습니다."

전화를 건 시각이 저녁 여덟 시 무렵이었다. 그날 밤 당직이었던 나는 다음 날 아침 몽롱한 상태에서 눈을 떴다. 몸을 일으켜 가운을 입으려고 할 때 연락이 왔다.

"여보세요."
"선생님, 2층 병동인데요. Y교수님 형님이 오셨어요."
"벌써?"

지난번처럼 노부부는 전화를 끊자마자 아키타에서 교토행 기차를 타고 곧장 병원으로 달려온 모양이었다. 그렇지만 병원 복도를 걸을 때는 한 걸음 한 걸음이 힘겨운 것 같았다. 나는 다시 한번 감탄과 감동을 느꼈다. 형은 나를 보자마자 황급히 말했다.
"동생은, 제 동생은, 어디 있습니까? 선생님!"

나는 노부부를 병실로 안내했다. 요즘 Y선생은 거의 눈을 뜨지 못했다. 불러도 대답이 없을 때가 많았다.

"동생, 괜찮아?"

형의 목소리를 들은 Y선생은 고개를 끄덕였다. 간호사가 다급하게 환자를 불렀다.

"들리세요? 형님이 오셨어요. 들리시면 형님에게 뭐라고 대답 좀 해보세요."

선생은 천천히 눈을 떴다.

"그렇게 소리 지르지 않아도 들려."
"뭐야, 이 녀석 순전히 꾀병이었구먼."

그때 Y선생의 눈에서 한줄기 눈물이 흘렀다.

"형……."
"너 농담 집어치워. 이 형은 저 아키타에서 날아왔다고, 알아?"

목소리가 떨렸다. 형도 눈물을 흘리고 있는 것 같았다. 혈압이 떨어지고 소변도 나오지 않고 호흡부전도 진행되어 남은 시간이 초 단위로 흘러갔다. 이런 위급한 상황에도 형이 부르는 소리에 동생은 대답했다. 오후가 지나고 밤이 되자 선생은 간단한 대화를 나눌 수 있게 되었다. 아침까지만 해도 우리가 아무리 불러도 대답조차 못했는데…… 마치 다른 사람처럼 상태가 크게 좋아졌다. 임종이 가까워졌을 때 대화를 나눌 수 있는 사람은 극히 드물다. 텔레비전 드라마에서 보는 것처럼 마지막 순간까지 말할 수 있는 상황은 환상일 뿐이다. 하지만 아주 드물게 어떤 보이지 않는 힘으로 마지막 시간이 만들어질 때도 있다. 형제는 처음이자 마지막으로 서로 흉금을 터놓는 시간을 선물로 받은 것이다.

침대에 누워 있는 동생과 침대 옆 의자에 앉은 형은 다음 날 아침까지 이야기를 나눴다. 아침에 병실을 찾았을 때 형은 창밖을 보며 서 있었다. 많이 지쳐 보이는 그를 부축하려고 하자 그는 호탕하게 웃으며 말했다.

"선생님, 동생이 고맙다고 했어요."

"고맙다고요?"

"네, 이 천하의 악동이 고맙다고……."

나는 Y선생의 얼굴을 보았다. 평소의 험상궂던 표정은 온데간데없고, 온화한 미소가 얼굴 가득 번져 있었다.

"고맙다고요?"

"네, 고맙다더군요. 동생과 오래도록 옛날이야기를 했어요. 마지막에 고맙다는 인사까지 듣고……. 선생님, 저는 정말 기쁩니다."

몇 시간 후 Y선생은 눈을 감았다. 까칠하고 괴팍했지만 따뜻한 마음을 가졌던 선생은 어쩌면 마음을 솔직하게 표현하는 법을 잘 몰랐는지도 모른다. 그런 그가 마지막 순간 형의 사랑에 고마운 마음을 전했다. 숨을 거둔 그의 얼굴은 마지막 숙제를 다 마친 아이처럼 평온하고 만족스러워 보였다.

"고마워."

후회 없는 마지막을 위해 꼭 필요한 말이 아닐까.

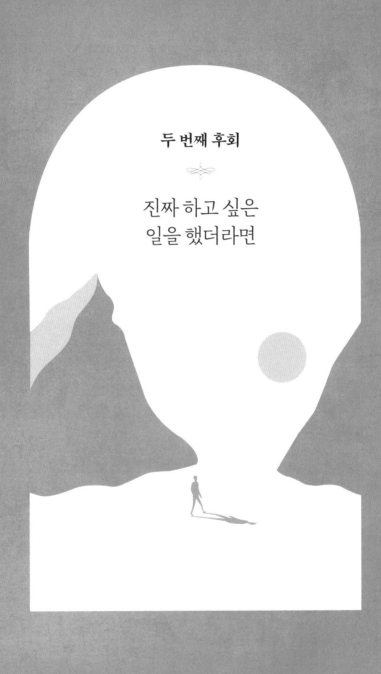

두 번째 후회

진짜 하고 싶은
일을 했더라면

어느 날 회진을 하고 있는데, 환자 C가 이런 질문을
던졌다.

"선생님, 화병이 생길 정도로 참고 인내하기만 했던
제 인생은 과연 무엇이었을까요?"

))))●●●(((

우리는 참고 견디는 인내의 인생을 존경한다. 하지만 사실 우리는 그런 인생을 강요하는 사회에 세뇌당해 온 것은 아닐까?

누구나 하고 싶은 대로 사는 인생을 갈망한다. 하지만 실제로 그런 삶을 사는 사람은 많지 않다. 수많은 사람의 죽음을 지켜본 나로서는 마음 내키는 대로 산다는 것이 결코 사람의 도리에 벗어나는 일이 아님을 깨달았다. 마음의 소리에 귀를 기울이지 않고 남의 눈치만 살피며 가슴에 참을 인 자를 새긴 사람들이 훗날 죽음을 앞두고 가슴 치며 후회하는 광경을 많이 봐왔기 때문이다. 자기 마음을 속이지 않고 마음이 가리키는 이정표를 따른 인생은 세상의 잣대를 훌쩍 뛰어넘는다. 자유로운 삶은 존경을 받지는 못하지만 사랑받는다. 그리고 상쾌한 청량감을 선사한다.

"일생은 '앗' 하는 순간 지나간다."

나 또한 아직 마지막 순간을 경험하지 않았기 때문에 이 말이 지닌 진정한 무게를 가늠하기는 어렵다. 그러나 떠나야 할 때가 되면 모두가 비슷한 말을 남긴다.

"인생, 정말 눈 깜짝할 사이에 지나가네요."

그렇다면 '그 짧은 시간' 동안 자신이 진정으로 원하는 일을 했는지, 혹은 하고 있는지 여유를 내 곱씹을 필요가 있다.

당연한 사실이지만, 저마다 인생의 지향점은 다르다. 어떤 사람은 인내와 순종으로 평생을 보내는가 하면, 누군가는 하루하루 쾌락을 좇는다. 사실 각자가 느끼는 기쁨과 슬픔이 다 다르기 때문에 참고 인내하는 인생이 뭐든지 생각대로 저지르는 인생보다 불행하다고 단정할 수는 없다. 중요한 건 자신이 진정으로 원하는 방향대로 살아가는 것이다. 더는 자신을 속이는 짓을 그만

두고 내면을 들여다보는 일이다.

당신은 자신의 마음을 가만히 들여다본 적이 있는가?

혹시 지금 당신은 하고 싶은 말, 하고 싶은 일을 하지 못하고, 참고 또 참으면서 오직 타인을 위해 한평생 희생하는 삶을 살고 있지는 않은가?

요즘 우울증으로 인한 자살이 급증하고 있다. 이는 어쩌면 지나친 인내와 희생이 마음의 부조화를 야기했기 때문인지도 모른다.

나도 평소에는 가슴에 참을 인 자를 새기고 살지만, 정말 하고 싶은 말은 거침없이 내뱉는다. 이런 직설적인 성격 때문에 가끔 사고를 칠 때도 있지만 덕분에 무조건 참는 일로 받는 스트레스는 없다. 내 마음을 내가 돌본다고 할까?

"할 말 다 했다가 상사한테 미운털 박혀서 나중에 진급에 지장이라도 생기면 어떡해요? 밥줄이 달려 있는데 바른말 하기는 쉽지 않지요."

분명 이렇게 투덜대는 독자도 있을 것이다. 그런 의미에서 내가 결혼을 한다면 나는 책임감이 다소 부족한 가장이 될지도 모른다. 그러나 자신을 속이면서 참고 또 참는 일은 분명 내면을 다치게 할 것이다.

주위를 둘러보면 지나치다 싶을 정도로 모두가 성실하다. 시간에 쫓기고 부족한 잠에 허덕이면서 해방구 하나 없는 하루를 보낸다. 보이지 않는 족쇄로 자신을 꽁꽁 옭아맨다. 그런데 신기하게도 하루하루를 성실하고 착하게 살아온 '좋은 사람'은 일찍 세상을 떠나고 반대로 '악랄한 파렴치한'은 오래오래 사는 경우가 많다. 이런 부조리는 대체 어떤 이유에서 일어나는 것일까? 묵묵히 참는 일만이 능사가 아니라는 사실을 보여주는 증거는 아닐까?

방종이 아닌 진정한 자립을 바탕으로 자유를 만끽하며 사는 사람은 강하다. 마음의 방에 시원한 바람이 스치듯, 창문을 활짝 열고 자신에게 귀 기울이는 일은 무엇보다 중요하다.

다른 일을 하고 싶다면, 지금 당장 시작하라. 새로운

사랑을 하고 싶다면, 바로 지금 시도하라. 세상에 이름을 남기고 싶다면, 오늘부터 노력하라. 우리가 살아 숨 쉬는 시간은 그리 길지 않다. 가슴에 돌을 안은 채 매일 앞만 보고 달린다면 마지막 순간, 당신은 반드시 이렇게 읊조릴 것이다.

"나는 그저 성실한 바통 주자에 불과했구나."

물론 삶의 중요한 임무는 손에 꼭 쥔 바통에 자신의 생각을 담아서 대대손손 전하는 일이다. 하지만 단순히 그것만이 목적이라면 얼마나 서글픈 일인가. 어떻게 달릴 것인지, 다음 주자를 얼마나 고무시킬 것인지 생각하면서 가슴을 펴고 바람을 한껏 맞으며 전력투구해볼 생각은 없는가? 행복은 목적이 아니라 그곳으로 향하는 길 자체다.

그렇다고 질서를 파괴하라는 말이 아니다. 새로운 인생에는 필연적으로 역풍이 따라온다는 사실 또한 각오해야 한다. 지도조차 없는 초행길이라면 예상치 못한 수많은 난관은 불 보듯 뻔하다. 하지만 인생의 마지막을 수없이 지켜본 나는 분명히 말할 수 있다.

사랑을 찾기 위해서 새로운 반려자와 마지막을 함께한 여성, 도시를 떠나 고원에서 자연과 함께 제2의 인생을 출발한 남성, 최후의 순간까지 자기 작품에 심혈을 기울인 화가……. 그들은 자신의 죽음 자체를 하나의 작품으로 만들었다. 그들의 마지막은 빛났다. 눈을 감을 때 그들의 얼굴에는 한 치의 후회도 없었고 평온하기 그지없었다.

바로 지금 자기 자신이 누구인지, 어떤 사람인지, 그리고 진정 원하는 것이 무엇인지 들여다보자. 하고 싶은 일은 내일로 미루지 말고 지금 하자. 시간은 영원하지 않다. 괜찮다고, 이 정도면 참을 만하다고 말한다면 어쩔 수 없다. 하지만 나는 이 글을 읽고 있는 당신이 참고 인내하는 삶을 살다가 마지막에 가슴을 치며 후회하는 사람 중 한 명이 되지 않길 바란다.

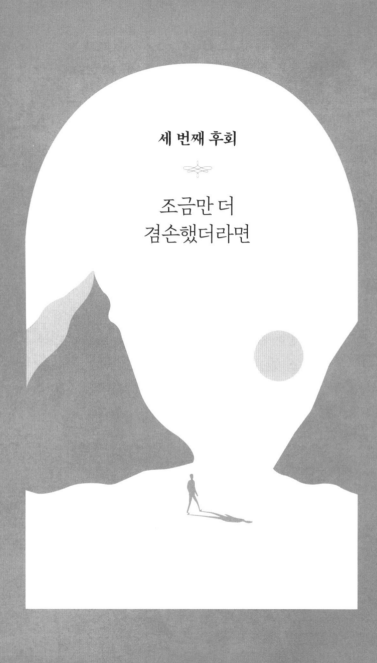

세 번째 후회

조금만 더
겸손했더라면

"저는 항상 제가 최고라고 믿었어요."

"자신감이 넘치셨네요."

"그래요, 자신감이 흘러넘칠 정도였죠. 게다가 삐뚤어진 독불장군이라 남의 말을 잘 듣지도 않았어요."

"네, 그러셨군요."

"나 혼자, 나만 잘났다고 믿고 살았어요. 지금 생각하니 너무 후회스럽네요. 다른 사람 얘기도 귀 기울여 제대로 듣고, 주위를 좀 더 살피면서 살았으면 좋았을 텐데……."

))))》◗●◖《《(((

H는 '내가 최고다!'라며 자신이 세상에서 가장 잘난 듯 안하무인으로 살아온 인생을 후회하는 환자였다. 어떤 문제에 부딪혔을 때 한 사람의 의견만 믿고 따라가다 보면, 암초를 만날 수도 있다.

의료 행위도 마찬가지다. 아무리 훌륭한 의사라도 실수를 저지를 때가 있다. 신이 아닌 이상 충분히 있을 수 있는 일이다. 이때 진심 어린 충고를 해주는 동료가 있느냐, 나아가 실수를 한 당사자가 그 충고를 허심탄회하게 받아들일 수 있느냐는 매우 중요한 문제다.

양심적인 의사가 환자에게 다른 의사의 진단이나 소견을 권하는 이유도 만에 하나 생길 수 있는 오진이나 실수를 염려하기 때문이다.

다시 말해 양심적인 의사는 자신의 진단과 치료를 믿으면서도 한편으로는 의심한다. 무엇이 최선인지 매일 검증하고 자문자답하면서, 확실한 방법을 찾을 때까지 혹은 완전한 증거를 갖출 때까지 마음을 늦추지 않는다. 완벽을 기하기 위해 자신의 센서와 주위 사람들의 판단에 귀를 쫑긋 세우기 마련이다.

반면에 자신만이 최고라고 믿고 타인을 무시한다면, 잘못을 저질러도 깨닫지 못하고 성장의 기회를 놓치고 만다. 실패에서 배우는 삶의 지혜를 얻지 못하는 것이다.

나는 뒤늦게 자신의 오만과 자만을 후회하는 환자 H에게 양심적인 의사 이야기를 들려주었다. 그러자 H는 이런 말을 던졌다.

"선생님 말씀이 맞습니다. 저는 독단 때문에 일을 그르칠 때가 많았어요. 마음을 조금만 열었어도 새로운 가치관이나 업무 아이디어를 배울 수 있었을 텐데, 바보처럼 그런 기회를 잡을 줄 몰랐죠. 건강할 때는 아무것도 귀에 들어오지 않더라고요. 정말 바보였지요."

여든을 훌쩍 넘겨 살날이 얼마 남지 않은 H는 뼈저리게 후회하는 듯했다. 비록 유아독존으로 살아왔지만 먼 길을 떠나기 전에 인생의 진실을 깨달은 그 노신사를 나는 존경한다.

사회적으로 성공한 사람일수록, 또 통솔력과 결단력이 넘치는 사람일수록 위험한 독선에 빠지기 쉽다. 똑똑한 군주가 폭군으로 돌변하는 이유도 아첨만 일삼으며 알랑거리는 간신배가 주위에 득실거리고 그로 인해 자신도 마음을 제대로 다스리지 못하기 때문이다.

우두머리 자리에 앉아 있는 사람들이 악랄한 독재자의 길로 빠지는 경우도 많다. 이런 사람들은 시야가 좁아져 개중에 충언하는 사람이나 바른말을 하는 사람이 진심 어린 말을 던져도 한 귀로 흘리거나 외면하게 된다. 물론 앞장서서 조직을 이끌어야 하는 사람이 지나치게 주위 눈치를 살피다 보면 앞으로 나아가기가 어려운 것도 맞는 얘기지만 그럴수록 상황을 제대로 분석하고 결정해서 행동하는 능력이 필요하다.

죽음을 앞두고 몸이 약해지면 으레 목소리도 작아지기 마련이다. 그렇게 나약한 모습으로 세상을 떠날 때,

서가명강

서울대 가지 않아도 들을 수 있는 명강의

* 서가명강 시리즈는 계속 출간됩니다.

인간다움

김기현 지음 | 값 19,800원

무엇이 우리를 인간답게 하는가!
인간다운 삶을 지탱하는 3가지 기준

문명의 형성에서 지금에 이르기까지, '인간다움'의 연대기를 추적하며 허공에 떠 있는 듯한 '인간다움'의 개념을 재정의한다. 우리를 인간답게 만드는 무수한 재료들 가운데 가장 핵심적이고 특별한 것이 무엇인지, 우리가 인간답고 존엄한 삶을 재정립하는 데 어떻게 '인간다움'이 무기이자 축복이 되는지 알 수 있다.

나는 왜 꾸물거릴까?

이동귀, 손하림, 김서영, 이나희, 오현주 지음 | 값 18,000원

미루는 습관을 타파하는 성향별 맞춤 심리학
이동귀 교수가 알려주는 시작의 기술!

미루고 미루다 오늘도 벼락치기 한 사람이라면 주목! 꾸물거린다고 게으른 것이 아니다. 일을 미루는 것은 감정 조절의 문제다. 국내 최초 5가지 성향 분석을 통해 자책과 후회는 멈추고 내 안의 숨은 성장 동기를 끌어내보자.

어른이 되었어도
외로움에 익숙해지진 않아

마리사 프랑코 지음, 이종민 옮김 | 값 19,800원

우리 삶을 지탱하는 건 로맨스가 아닌 우정이다!
어른이 될수록 점점 더 외로워지는 이유는 무엇일까? 과잉 연결의 시대. 우정에 영향을 미치는 3가지 애착유형부터 관계를 단단하게 만드는 6가지 우정의 공식까지, 당신에게 가장 잘 어울리는 인생의 든든한 벗을 찾는 방법을 알려준다.

프레임
굿 라이프

최인철 지음 | 각 값 20,000원

서울대 행복연구센터장
최인철 교수가 전하는
나 그리고 내 삶을 바꾸는
심리학의 지혜

우리 아이 미래를 바꿀 대한민국 교육 키워드7

방종임 · 이만기 지음 | 값 22,000원

40만 학부모의 길잡이 '교육대기자 TV' 선정!
초중등 학부모가 알아야 할 핵심 트렌드

34년 만에 바뀌는 수능, 내신 5등급제 개편, 의대 정원 확대! 격동하는 교육 정책, 어떻게 따라가야 할까? NO.1 유튜브 채널 '교육대기자'와 대한민국 최고의 입시 전문가 이만기 소장이 알려주는 7가지 교육 키워드!

세상에서 가장 쉬운 본질육아

지나영 지음 | 값 18,800원

존스홉킨스 소아정신과
지나영 교수가 알려주는 궁극의 육아 원칙

육아의 본질에 대한 새로운 시각으로 부모의 삶을 반추해보고, 육아의 핵심인 '잠재력, 사랑과 보호, 가치, 마음자세'를 자녀에게 전달할 수 있는 실천법과 예시를 담았다. 부모는 홀가분한 마음으로 삶의 근본을 보여주고 아이는 더 단단해져 스스로의 삶을 개척하게 될 것이다.

메타인지 학습법 임포스터

리사 손 지음 | 각 값 18,000원

메타인지 심리학의 대가
리사 손 교수가
부모들에게 알려주는
좋은 생각의 길!

이런 수학은 처음이야 1~3

최영기 지음 | 각 값 15,800원

청소년 분야 베스트셀러!
서울대 수학교육과 교수의
10대를 위한 수학 강의

읽다 보면 저절로 개념이 잡히는
놀라운 이야기!

아름다운 세상이여, 그대는 어디에

샐리 루니 지음, 김희용 옮김 | 값 19,800원

**"당신은 나에 대해 다 아는데,
나는 당신에 대해 아무것도 몰라."**

전 세계 100만 부 판매 『노멀 피플』 샐리 루니의 최신작.
출간 즉시 《뉴욕타임스》·《선데이타임스》 베스트셀러 1위!
망가진 세상에서 어른이 되어 버린 그들이 선택한 사랑

호수 속의 여인

로라 립먼 지음, 박유진 옮김 | 값 19,800원

착실한 여자조차 사랑에 빠지면 실수를 범하기
마련이다. 그렇다고 죽어 마땅한 것은 아니다.

나탈리 포트만 주연 애플TV 오리지널 드라마화! 애드거상, 안
서니상, 매커비티상 등 세계 유수의 문학상을 석권한 《뉴욕타
임스》 베스트셀러 작가 로라 립먼의 최신 화제작!

반지의 제왕 일러스트 특별판

J.R.R. 톨킨 지음 | 김보원, 김번, 이미애 옮김 | 값 230,000원

'반지의 제왕' 삼부작 전권을 한 권으로 집대성한
최고급 사철 양장 일러스트 특별판 출간!

20세기 판타지 문학의 걸작 『반지의 제왕』, 새롭게 태어나다
J.R.R. 톨키이 직접 그린 삽화, 스케치 등 30여 컷 수록, 작품 속
인지명, 용어 등을 색인으로 총망라한 초호화 사양의 특별 소장
용 에디션

실마릴리온, 끝나지 않은 이야기, 가운데땅의 지도들 SET

J.R.R. 톨킨 외 지음 | 김보원외 옮김 |
각 값 42,000원 | 68,000원 | 55,000원

**J.R.R. 톨킨의 가운데땅 신화를 담은
본격 대서사시!**

가운데땅의 모든 시대를 관통하는 풍성하고 깊이 있는 신화.
대 판타지 문학을 탄생시킨 최고의 고전이자 걸작인 톨킨 세
관을 이루는 가장 핵심적인 이야기들을 담은 책.

인간은 비로소 주위를 둘러보고 타인의 이야기에도 귀를 기울여야 한다는 인생의 진리를 깨닫는다.

일찍이 공자는 예순이 되어야 '이순耳順'이 된다고 했다. 쉰에 하늘의 명을 헤아려도 남의 말을 곡해하지 않고 듣기는 어려우며 예순이 되어야 다른 사람의 말을 온전히 깨달을 수 있다는 말이다. 지금보다 평균 수명이 훨씬 짧았던 옛날에 귀가 순해지는 '이순'을 '예순'이라고 했으니, 요즘 나이로 따진다면 여든, 혹은 더 나이가 들어서야 이순의 경지에 이른다고 봐야 하지 않을까?

평생을 자신감에 넘쳐 후회를 모르고 앞만 보고 달려온 사람은 자기 생각과 행동이 곧 정답이라고 믿는다. 물론 자신 있게 긍정적으로 사는 게 나쁘다는 말은 아니다. 하지만 항상 내가 최고이며 내 생각이 전적으로 옳다는 확신을 단 한 번이라도 의심한다면 더 넓고 보다 깊은 세상을 만날 수 있을지도 모른다.

혼자서 생각하고 결정한 판단이 맞든 틀리든 죽음은 누구에게나 반드시 찾아온다. 독불장군으로 살아온 사람일수록 죽음을 감지한 순간 더 많이 흔들리는 것 같다. 실패를 모르는 화려한 승자였기 때문에 '죽음'이라는 어쩔 수 없는 상황을 받아들이기 더욱 힘들어서일까? 그들은 어쩌면 자신을 훨씬 능가하는 초자연적인 힘이 세상에 존재한다는 사실을 인정하고 싶지 않을지도 모르겠다.

하지만 모든 인간은 마지막 순간을 받아들일 줄 알아야 한다. 죽음이 눈앞에 바짝 다가왔을 때가 되어서야 자신이 최고가 아니라는 사실과 자신의 한계, 부족함을 깨닫고 가슴을 치며 후회한들 무슨 소용이 있겠는가. 한걸음 물러서서 차분히 사물을 바라보고 타인의 이야기에 귀를 기울일 줄 알아야 성공과 더불어 후회 없는 인생을 마무리 지을 수 있다.

귀를 '순하게' 하는 일. 그것은 벼랑 끝에 내몰린 자신을 구하는 방법이다.

네 번째 후회

친절을
베풀었더라면

"저는 지금까지 친절도 선행도 모르고 살았습니다. 다른 사람을 위해서 열심히 일하시는 선생님을 보니 저 자신이 너무 부끄럽네요. 정말 대단하세요."

환자 B는 이렇게 후회했다. 창문 밖으로 향한 그의 눈가가 촉촉이 젖어 있었다. 눈물이 햇빛을 받아 반짝였다.
그가 말을 이었다.

"저는 성공을 위해 수많은 사람을 희생양으로 삼았습니다. 쉽게 배반도 했고요. 제 주위에 있던 사람들은 모두 불행했을 거예요. 저는 오직 저만을 위해서 살았습니다."

)))) ➤ ● ● ● ◖ ◖ ◖ ((

B는 내 쪽으로 고개를 돌렸다. 사뭇 진지한 표정이었다.

"지금은 마음이 변했어요. 선생님이 보시는 제 인상도 다르겠지요. 예전에 저는 정말 지독한 놈이었어요."

"믿기질 않네요."

"그러시겠죠. 선생님은 예전의 저를 전혀 모르시니까 상상도 못 하실 거예요."

"하지만 지금이라도 마음이 바뀌었으니 괜찮지 않을까요?"

"네?"

"예전에 어떤 모습이었던 간에 이제라도 친절을 베풀고 싶다는 생각이 들어서 남한테 잘한다면 그걸로 충분하지 않을까요?"

B는 병원 의료진에게 언제나 깍듯이 예의를 갖추었다. 한 사람 한 사람 이름을 모두 기억하며 친절하게 대하고 배려하는 사람이었다.

"아닙니다. 제가 친절하게 보였다면 그건 저한테 득이 되니까 그런 겁니다. 타인을 위해서 친절을 베푼 게 아니에요."

그는 부인했지만 나는 그렇지 않다고 확신했다. 겉과 속이 다른 친절, 거짓으로 하는 사탕발림은 말기 의료 현장에 몸담은 사람이라면 누구나 쉽게 간파할 수 있다.

"정말 그렇게 생각하세요?"
"네. 저는 정말 나쁜 놈입니다."
"하지만 저는 B씨를 알게 되어서 정말 좋은데요. 친절한 분이라고 다들 칭찬이 자자해요."

B는 다시 고개를 돌려 창밖을 바라보았다. 흐르는 눈물을 보여주고 싶지 않았던 것일까? 그의 어깨가 살짝 떨리고 있었다.

"자신을 깨닫게 된 것만큼 행복한 것은 없지요. 평생 자기가 어떤 사람인지도 모르고 눈을 감는 일도 많으니까요."

나는 환자의 옆모습을 바라보며 나지막이 말을 건넸다.

타인에게 친절을 베푸는 일은 생각보다 훨씬 어렵다. 자신의 순수한 의도와는 달리 도리어 상대의 마음을 아프게 할 수도 있기 때문이다. 특히 말로 따뜻함이나 위로를 전하는 일은 더 어려운 것 같다. 똑같은 말이라도 표정, 목소리, 미묘한 뉘앙스 혹은 말하는 사람에 따라 상대의 반응은 하늘과 땅 차이이기 때문이다. 말기 환자들에게 완화치료를 실천하는 나도 위로의 말이나 따뜻한 말을 건네야 할 상황이 오면 머뭇거릴 때가 있다. 말기 환자들에게는 그러한 말이 친절하게 들리지 않고 오히려 더 불쾌할 수도 있기 때문이다. 가끔은 공허한 말보다 침묵이 상대의 가슴을 울리기도 한다.

당연한 이야기겠지만, 진심이 담기지 않은 위로와 격려는 역효과를 낳는다. 그렇다고 아무 말 없이 들어주기만 해서도 안 된다. 상대의 이야기에 귀 기울이면서 자기 생각을 솔직하게 표현해야 한다.

또한 단순히 공감만으로 부족할 때도 있다. 실제 병원에서 생활하다 보면, 의사는 환자의 마음을 고려하지 않고 정황에 따라 가장 나은 최선책을 제시해야 할 때도 있다. 다정다감한 말보다 똑 부러진 태도가 환자에게 도움을 주는 경우처럼. 누군가에게 친절을 실천한다는 건 생각보다 힘들고 어려운 길인 듯하다. 그럼에도 불구하고 친절을 베풀기 위해 마음을 여는 일은 바람직하다. 그러나 유감스럽게도 세상에는 타인을 무시함으로써 자신의 욕구불만을 해소하거나 자신의 가치를 높이려는 사람이 많다.

인간도 먹고 먹히는 동물의 법칙에서 예외이기 어렵다. 더욱이 법과 이성의 테두리에서 벗어나 선과 악이 불분명해진다면, 동물의 세계와 마찬가지로 약육강식이 지배하는 세상이 되리라는 건 안 보고도 알 수 있다. 약자는 약자라는 이유만으로 친절과는 정반대인 멸시와 모욕을 당하고, 강자는 세상을 부리며 모두가 자신의 발아래 놓여 있다고 생각하게 되는 것이다. 그러나 죽음 앞에 서면 약자든 강자든 모두 약하고 작은 존재가 되며 잘못을 뉘우치게 된다. 지위나 부에 상관없는 전혀 다른 세상 놓이는 것이다.

사람은 누구나 선과 덕을 갖추고 있다고 나는 믿는다. 하지만 주변을 돌아보지 않고 앞만 보고 질주한다면 그것은 빛을 잃는다. 만약 평소에 타인에게 못된 짓을 일삼았다면 마음을 바꾸어라. 친절을 모르고 지냈다면 지금부터라도 친절을 의식하며 사람들에게 부드럽게 다가가라.

선행과 친절을 베풀지 않으면 장담하건대 당신은 나

중에 반드시 후회한다. 인생에서 백전백승을 외쳐도 죽음 앞에서는 무릎을 꿇는 게 인간이다. 그렇지만 생의 마지막을 패배가 아닌 아름다운 마무리라고 생각한다면 죽음이 마냥 두렵지만은 않을 것이다. 그리고 얄팍한 처세가 아니라 타인에게 진심으로 너그러웠던 사람은 삶을 마무리하는 순간, 자기 자신에게도 한없이 너그러울 수 있다. 삶에서 진정으로 베풂을 실천한 사람은 죽음을 두려워하지 않는다.

인간을 사랑하며 자비를 실천한 환자를 나는 많이 알고 있다. 그들의 아름다운 미소는 나의 뇌리에 깊이 새겨져 있다. 남에게 한없이 베풀며 살았던 사람들은 후회를 넘어선 곳에 우뚝 서 있었다. 따뜻한 마음이 아마도 그들을 그곳으로 인도했으리라.

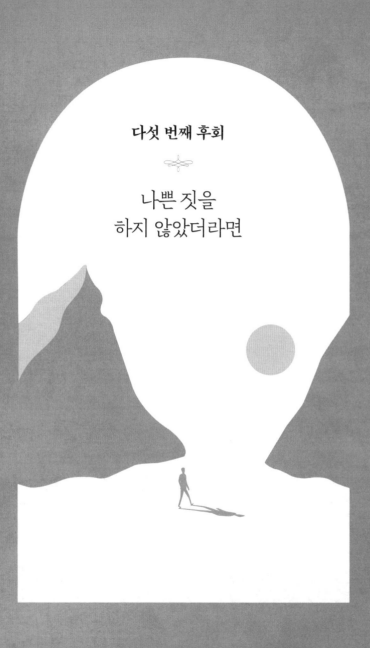

다섯 번째 후회

나쁜 짓을
하지 않았더라면

K는 범죄자였다. 그는 죽음의 문턱에 서 있었다. 덮쳐오는 통증에 고통스러워하던 K는 어느 날 문득 내게 말했다.

"용서를 받고 싶습니다."

며칠 뒤 K는 세례를 받기로 결심했다. 그런데 세례식 날짜가 다가오면 다가올수록 그의 얼굴에는 공포의 기색이 역력했고, 상태가 몹시 불안해졌다.

"선생님, 이런 저도 구원을 받을 수 있을까요?"

))))◗●◖((((

K는 점점 더 극심한 공포에 시달리는 듯했다. 그는 자신의 죄를 후회하고 있었다. 이 세상이 끝난 후, 저세상으로 향한 문이 자신에게 굳게 닫혀 있음을 느끼는 듯했다. 그리고 그제야 자신이 저지른 죄의 무게를 깨닫는 동시에 후회로 뒤범벅된 공포를 실감하는 것 같았다.

"제가 지은 죄는 다시 주워 담을 수 없습니다. 하지만 후회합니다. 후회하고, 후회하고, 또 후회합니다. 저는 어떻게 해야 할까요?"

드디어 세례식 당일이 되었다. K는 이마에 성수가 뿌려진 순간 갑자기 그 자리에 털썩 주저앉아 무릎을 꿇었다.

"어, 어 엉……."

그의 눈에서 눈물이 흘러내렸다. 그는 흐느끼기 시작했다. 어깨가 점점 더 거세게 들썩였다. 세례식이 끝날 때까지 그는 아무 말 없이 그렇게 눈물을 흘렸다.

며칠 후 K는 세상을 떠났다. 그의 진심이 신의 마음에 닿은 걸까? 먼 길을 떠나는 날, 그의 표정은 더없이 온화했다.

세례식을 며칠 앞두고 K를 괴롭힌 것은 불안과 두려움이었다. 사실 다른 환자들에 비해 K는 신체적인 고통은 없다고 봐도 좋았다. 그런데도 그는 몹시 괴로워했다. 돌이킬 수 없는 죄를 저질렀다는 후회, 내세에도 용서받지 못할 거라는 초조함……. 어찌나 겁을 냈는지 곁에서 지켜보는 사람까지도 그 공포가 무시무시한 지옥처럼 느껴질 정도였다.

나는 K의 마지막을 지켜보면서 죄는 정말 지을 게 못 된다는 사실을 깨달았다. 남이 보지 않아도 자신은 보고 있다. 그리고 하늘이 내려다보고 있다. 그러니 죽음의 그늘이 드리우면 지난날의 후회와 함께 하늘이 용서하지 않을 것이라는 공포가 가슴을 후벼 판다. 죽어서도 용서받지 못할 거라는 공포와 다음 생이 찾아오지 않을 거라는 두려움이 마음을 갈기갈기 찢어놓는 것이다.

죽음을 앞둔 환자 중에는 '내가 지은 죄가 많아서 지금 그 죗값을 치르고 있는 거야'라며 자신을 괴롭히는 사람들이 있다. 나쁜 짓을 저질렀기 때문에 죽을병에 걸렸다고 자책하는 환자도 간혹 만날 수 있다. 그러나 그럴 필요는 없다. 나는 사람의 마음이 얼마나 약한지 의료 현장에서 수없이 실감했다. 약하니까 가끔은 해서는 안 될 말을 내뱉고, 해서는 안 될 행동을 저지르기도 한다. 살면서 단 한 번도 나쁜 짓을 저지르지 않은 사람이 과연 있을까?

소설에나 등장하는 매사에 정의로운 사람은 현실에 존재하지 않는다. 우리는 나약한 존재이고 그렇기 때문에 감정의 포로가 되었을 뿐이다. 그러니 당신을 해치려는 사람도 역시 보잘것없는 인간일 뿐임을 인정하자. 미워하지 말고, 복수하려 하지 말고, 나와 같은 외롭고 약한 인간이라고 말이다.

범지구적으로 생각해보면 인간이 일 년 동안 생명을

유지하기 위해 얼마나 많은 동물을 희생시키는지, 얼마나 많은 식물을 해치는지는 이루 다 헤아릴 수 없다. 사람은 누구나 크고 작은 살생을 저지른다.

그 외에도 우리가 얼마나 많은 자원을 낭비하고 어마어마한 양의 쓰레기를 배출하고 있는지 모른다. 환경 보호를 생각한다면 지구에서 살아 숨 쉬는 일 자체가 악행이다.

언행으로 남에게 상처를 입히는 일 역시 얼마나 많이 일어나고 있는지 주위를 조금만 살펴도 알 수 있다. 좋은 의도일 때조차 상대방의 가슴에 생채기를 낼 수 있으니, 어쩌면 사람인 이상 누군가에게 상처를 주는 일을 피하기란 불가능한 일일지 모른다.

슬프게도 인간은 다른 생명을 희생양으로 삼지 않으면 자신의 목숨을 부지하기 어려운 생물이다. 그러니 죄를 반성할지언정 자책하지는 말자. 도를 지나친 죄책감은 자신을 파괴할 뿐이다. 단지 인간으로서 넘지 말아야 할 선을 지키기 위해서 내가 나약한 인간이라는 사실을 냉철하게 인식하고 있어야 한다. 그렇지 않으면 단순히 형벌 때문이 아니라, 죄를 범했다는 죄책감이 자기 자신을 공포의 구렁텅이에 빠뜨릴 것이다.

나는 가끔 K가 떠오른다. 살면서 가능한 한 '악'을 멀리해야 죽음 앞에서 덜 후회하고 덜 괴로워한다는 것을 깨달을 때마다 말이다.

여섯 번째 후회

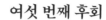

꿈을 꾸고
그 꿈을 이루려고 노력했더라면

비록 피아니스트가 되지는 못했지만, 아름다운 연주로 다른 사람에게 벅찬 감동을 선사하고 용기를 북돋운 A는 다른 모습으로 꿈을 이룬 듯했다.

)))))●●●(((((

　A는 피아노를 잘 쳤다. 피아니스트가 꿈이었던 그녀는 마지막으로 병동에서 환자들의 심금을 울리는 연주를 했다. 프로 피아니스트라고 해도 모든 관객을 감동시키지는 못한다. 그러나 그녀의 연주는 병원 의료진들과 환자들, 그들을 간호하는 사람들까지 그 자리에 있던 모든 사람의 마음을 움직였다. 그런 면에서 그녀의 연주는 여느 피아니스트와는 비교도 할 수 없을 만큼 훌륭했다.

　크든 작든 우리는 저마다 가슴에 꿈을 품고 살아간다. 하지만 그 많은 꿈 중에서 실제로 이룬 꿈은 얼마나 될까? 젊을 때는 우리 앞에 무한한 가능성과 시간이 펼쳐져 있는 것만 같고 원하면 뭐든지 이룰 수 있을 것 같다. 그러나 우리는 나이가 들면서 손에 쥘 수 있는 것들은 점점 더 작아지고 그것마저 이루기 어렵다는 사실을 깨닫는다. '나'라는 존재는 꿈과 함께 작아지고, 하늘을 찌를 듯 드높았던 자신감은 어느샌가 자취를 감춘다. 어쩌면 달콤한 꿈을 이루기에 우리가 살아가는 이 현실은 너무 가혹한지도 모른다. 그래도 가슴에 꿈을 품고 있는 한, 그 꿈을 성취할 가능성은 존재한다. 포기한다면 그 순간 소중한 꿈과는 영영 멀어진다.

마지막 순간에 가슴을 후벼 파는 후회는, 이루지 못한 꿈이나 이룰 수 없었던 꿈이 아니라 꿈을 이루기 위해 최선을 다하지 않았던 나의 모습이다. 한 우물을 오래 파다 보면 물이 나온다는 이야기는 누구에게나 통하는 진실인 것이다.

물론 평생 동안 꿈과 열정을 품고 사는 일은 말처럼 쉽지 않다. 인간은 누구나 나이를 먹고, 그렇게 늙어갈수록 무언가를 시도할 수 있는 가능성의 폭도 조금씩 줄어든다. 이런 잔인한 현실에서 꿈과 열정을 계속 간직하려면 엄청난 에너지가 필요하다. 수많은 장애물에 부딪히면서도 저 멀리 빛이 있음을 믿고 다시 두 주먹을 불끈 쥐고 일어나는 것은 아무나 할 수 있는 게 아니다. 그렇기 때문에 꿈을 좇는 사람은 존경받아 마땅하다. 그리고 그렇기 때문에 그들의 삶은 우리에게 커다란 감동을 선사한다.

많은 환자들이 자신의 소중한 꿈을 외면하고 중간에 꿈의 끈을 놓았던 자신의 모습을 후회한다. 꿈을 꾸고 그 꿈을 이루지 못했더라도 그것을 향해 충분한 노력을 했다면 후회는 한결 줄어들 것이다.

꿈과 열정이 없다면 인간은 단순히 생명을 소비하는 존재로 전락하고 만다. 사람이 태어나서 짝짓기를 하고 자손을 남기는 일, 또는 살기 위해 먹고 자는 일은 생물의 기본 욕구에 지나지 않는다. 본능에만 충실한 행동은 인간다운 모습이라 할 수 없다.

사람이 사람답게 산다는 것은 생물의 원초적 본능을 훌쩍 뛰어넘을 때 가능하다. 이를테면 꿈과 희망을 품고 그 꿈을 이루기 위해 최선을 다할 때 인간은 인간다운 삶을 누릴 수 있다. 또한 간절한 바람을 이루기 위해 긴 시간 동안 그 소망을 천천히 데우는 정성도 사람만이 할 수 있는 일이다.

일본의 시인이자 화가로 활동하는 호시노 도미히로는 체육 교사로 중학교에 부임한 지 두 달 만에 학생들 앞에서 시범 경기를 보이다가 경추에 손상을 입고 전신마비라는 불운을 겪었다. 이후 9년간의 긴 투병 생활 동안 붓을 입에 물고 그림을 그리고 시를 쓰며 구필화가로 새로운 삶을 살게 되었다.

따뜻하고 섬세한 그의 작품 가운데서도『방울이 울리는 길』에 등장하는 이야기는 많은 이들의 마음을 울린다. 휠체어를 타고 생활하니 울퉁불퉁한 길에 신경이 곤두설 때가 많았는데 휠체어에 은은한 소리가 나는 방울을 달았더니 길이 요동칠 때마다 '땡그랑' 소리가 퍼져서 기분이 한결 좋아졌다는 이야기다.

희망을 버리지 않고, 꿈을 잃지 않고, 넘어져도 다시 일어서서 걷는 사람들……. 오랫동안 가슴에 품어온 꿈이 빛날 때, 그리고 마지막까지 꿈의 끈을 꼭 쥐고 있을 때 꿈을 이루지 못해도 결코 후회는 없으리라.

마지막으로『방울이 울리는 길』에 나오는 이야기 한 토막을 소개하고자 한다.

그 소리는 마음을 울리는 맑은 소리였다.

(……)

그날부터 나는 울퉁불퉁 모난 길을 걷는 게
하나의 즐거움이 되었다.

(……)

방울은 평탄한 탄탄대로를 걸을 때는
아무 소리가 나지 않는다.
하지만 인생의 고갯길을 넘어갈 때
'땡그랑' 소리를 낸다.
'사람들은 저마다 마음의 방울을 달고 사는 것은
아닐까?'
그 방울 소리가 마음속에 은은히 퍼지는 사람도
있을 테고
굳게 닫힌 마음의 문을 더 세게 짓누르는 사람도
있을 것이다.
내 마음에도 작은 방울이 하나 있다.
그 방울이 맑은 소리로 노래하고 환하게 빛을 내는
하루하루가 되었으면 한다.

내 앞에 펼쳐진 고갯길을 피하지 않고

당당하게 걸어가리라, 오늘도 나는 다짐한다.

일곱 번째 후회

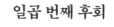

감정에 휘둘리지
않았더라면

어느 날 문득 C가 말했다.

"지금 생각해보면 왜 그렇게 울고불고 화를 냈는지 모르겠어요."
"네? 무슨 말이에요?"
"그러니까 제가 지금까지 끙끙 앓았던 문제가 실은 아무것도 아닌 것 같아서요."
"아무것도 아니라면……."

))))●((((

평온한 얼굴로 C는 중얼거렸다.

"죽음을 앞두고 생각하면 울고불고 화낼 만한 일은
아무것도 없으니까요. 매사에 너무 많이 걱정하고 늘
마음을 졸였던 것 같아요. 지금 같아서는 세상사를 좀
더 여유 있게 대할 수 있을 것 같은데, 이젠 늦었지요."

"누구든지 순간의 감정에 휘둘리지 않기란 쉽지 않죠."

"맞아요. 하지만 세상 모든 사람이 다 똑같이 태어나
듯 똑같이 죽기 마련인데, 누군가를 미워하고 증오한들
무슨 소용 있겠어요. 나도 그 사람도 다 떠날 텐데요. 남
을 시샘하거나 욕을 해봤자 전부 부질없는 일이라는 사
실을 이제야 알았어요."

"……"

"잘난 사람이든 못난 사람이든 모두 평등하게 세상
을 떠나 흙으로 돌아가겠죠. 이 진실을 좀 더 일찍 깨달

았더라면 그동안 훨씬 마음 편하게 살았을 거예요. 사소한 일에 그렇게 아등바등하지도 않고, 너무 걱정하지도 않으면서요."

인간은 감정의 동물이다. 감정의 지배를 받지 않고 시종일관 평상심을 유지할 수 있는 사람이 과연 있을까? 죽음을 앞에 둔 환자인 C는 나에게 사소한 것에 마음을 다치지 말고 흐르는 시간의 강물에 감정을 흘려보내라고 몇 번이고 말했다. 어쩌면 그의 당부는 사소한 일을 두고 엄청난 스트레스에 시달리는 나와 당신에게 가장 필요한 말인지도 모른다.

감정은 양날의 검과 같아서 한번 흔들리게 되면 냉철하게 상황을 판단하기 어렵게 만든다. 물론 희로애락을 표현하며 사는 삶이 결코 나쁘다고 할 수 없지만 세상만사에 마음이 흔들리고 요동친다면 평생 폭풍의 한가운데서 지내야 할 것이다. 감성과 이성의 추를 정중앙에 맞출 수 있는 사람은 거의 없겠지만 인간답게 살기 위해서 우리는 감정을 통제하고 다스려야 한다.

이런 이야기를 꺼내놓고 보니 우선 나 자신부터 돌아보게 된다. 의료 현장에도 스트레스가 끊이지 않는다. 매 순간 엄청난 인내심을 발휘해야 한다. 미국과 영국 등지에서 활동한 의사이자 교육자인 윌리엄 오슬러 박사는 장차 의사가 될 젊은이들에게 의사의 중요한 덕목으로 평상심을 강조했다고 한다.

"앞으로 여러분은 머리끝까지 분노가 치밀어 오르고 화가 나는 사건, 사고를 경험할 테지만 절대 화를 내서는 안 됩니다."

내 경험에 비추어 보면, 의대 시절에는 과연 현장에서 언성 높일 일이 뭐가 있을까 싶었는데 막상 병원에서 근무를 해보니 하루가 멀다 하고 감정이 폭발한다. 그럴 때마다 오슬러 박사의 충고가 절실히 와닿는다.

병원은 생명을 다루는 세계다. 조금만 긴장을 늦추어도, 아니 특별한 실수를 저지르지 않아도 의료진이나 환자 혹은 가족들의 가시 돋힌 말이 쏟아진다. 합당한 조언이나 충고라면 수긍하지만 부당한 언사가 뒤섞여 있을 때도 많다. 불합리한 상황에 맞닥뜨렸을 때 오슬러 박사의 가르침을 떠올려 가능한 한 참으려고 노력하지만, 너무 지나치다 싶으면 나도 폭발하곤 한다. 더는 타협을 하고 싶지 않을 때도 있다.

나는 환자를 위한 일이라면 어떤 일이 있어도 끝까지 밀고 나간다는 철칙을 세우고 있는데 이 경우에도 여러 난관에 부딪힐 때가 많다.

예를 들면 나는 불필요한 약은 절대 처방하지 않는다. 약물치료를 해야 하는 근거가 뚜렷하고, 해당하는 약을 복용하는 쪽이 치료의 효과가 더 높다고 판단할 때만 신중하게 약을 처방한다.

그런데 의사의 처방이나 진단을 전혀 믿지 않는 환자들이 적지 않다. 쓸쓸하게도 의료 불신 사회가 낳은 어두운 그늘이리라. 그렇다고 해서 환자를 향해 목소리를 높이는 방법은 최선이 아니다. 이런 경우에는 환자가 이해할 수 있도록 최대한 쉽게 설명한다. 그러나 애초에 들을 마음조차 없는 환자들에게는 어떤 방법도 통하지 않는다. 순간 내 인내심은 바닥을 드러낸다. 게다가 환자의 치료 거부가 자신의 확고한 신념이라기보다 의료 불신이 낳은 반발이거나 환자 마음에 뙤리를 튼 단단한 불신의 끈 때문이라면 인내심 대신 분노가 고개를 내민다.

환자가 전문가의 의견은 전혀 들으려고 하지 않고 막무가내로 민간요법을 찾을 때면 의사로서 정말 난감하다. 그런 환자들을 보면 세상에는 정말 다양한 생각을 가진 사람이 있다는 사실을 새삼 절감한다.

이러한 병원 일뿐만 아니라 나는 대수롭지 않은 작은 일에도 종종 평상심을 잃곤 한다. 죽음과 비교한다면 정말 아무것도 아닌 일을 두고도 내 인내심의 국경선은 늘 침범당하는 것이다. 환자 C의 말대로 우리는 너무나 자주 보잘것없는 사소한 것에 목숨을 거는 게 아닐까?

감정의 파도에 휩쓸리지 않고 매 순간 웃으면서 지내려면 강인한 정신력이 필요하다. 그런 의미에서 마음을 부지런히 갈고닦아 보름달 아래의 연못처럼 밝고 투명한 마음을 기른다면 역경과 시련이 포말처럼 사라질지 모른다. 화내고, 울고, 웃어도 인생의 시계는 흘러간다. 어차피 흘러가고 지나가는 게 인생이라면 좀 더 웃고 사는 게 낫지 않을까.

감정에 치우친 삶, 특히 부정적인 감정에 얽매여 평생을 허비하면 돌아오는 것은 후회뿐이다. 당신의 마음속에도 평화를 거머쥘 수 있는 인생의 나침반이 자리잡기를 빌어본다.

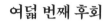

여덟 번째 후회

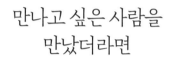

만나고 싶은 사람을
만났더라면

"만나고 싶은 사람이 있으면 반드시 만나러 가세요.
산을 넘어 지금 당장 만나러 가세요."

이 구절은 작곡가로 유명한 사카모토 류이치가 쓴
〈철도원〉의 노랫말이다. 나는 이 구절을 참 좋아한다.
　평소 나는 보고 싶은 사람은 꼭 만나면서 살아야
한다고 생각한다. 하지만 솔직히 고백하자면 나 또
한 이런 생각을 제대로 행동으로 옮기지 못하고 있
다. 요즘 나는 이 말의 속내를 곰곰이 곱씹곤 한다.

)))) ● ● ● (((((

간절히 그리워했던 사람을 만나지 못했던 일, 사람을 향한 그리움 때문에 마지막 순간 가슴을 치며 후회하는 사람은 생각보다 꽤 많다. 보고 싶은 사람이 있으면 지금 당장 보러 가야 한다. 슬픈 이야기이지만, 보고 싶다고 머릿속으로 그리워하는 동안 이미 그 사람은 저세상 사람이 되어서 다시는 만날 수 없게 되는 안타까운 상황을 나는 수없이 접했다. 이런 경험을 직접 옆에서 봐온 나조차도 보고 싶다고 그리워하면서도 정작 만나지 못했던 사람이 너무 많다. 아마 나이가 들수록 그 수는 더 늘어날 것이다.

사람은 홀로 태어나 홀로 떠난다. 어쩌면 인생은 고독한 여행인지도 모른다. 그래서 마지막 순간까지 누군가를 갈구하는 게 사람의 심리인가 보다. 당신이 눈을 감기 전에 떠오르는 사람은 분명 자신의 인생에 곱게

색을 입혀준 사람일 것이다. 이 특별한 사람이 부모 혹은 스승, 선배 등 연장자일 경우라면 자연의 섭리에 따라 당신보다 일찍 떠나기 쉽다. 당신은 그들이 그리워도 더 이상 볼 수 없을지도 모른다. 죽음 앞에서 아무리 얼굴을 떠올려 본들 보고 싶은 얼굴은 이미 떠나고 없는 것이다.

죽음이 가까이 오면 의식이 혼미해져 보고 싶은 상대를 제대로 알아보지 못한다. 또 의식이 있다고 해도 대화를 나누기 어려운 경우도 있다. 아니면 의식불명으로 눈을 감고 있는 동안 오매불망 기다리던 상대가 찾아올지도 모른다.

그러니 보고 싶은 사람이 있다면 건강할 때 산을 넘고 바다를 건너서라도 찾아가야 한다. 보고 싶다고, 만나고 싶다고 생각만 하다가 놓쳐버린 시간은 결코 돌아오지 않는다.

또한 후회하고 싶지 않다면 일기일회의 마음을 잊지 말아야 한다. 어떤 상대를 만나도 이 만남이 마지막이라고 생각하고 최선을 다해야 한다. 멀리 떨어져 있는 사람에게는 더욱더 그러하다. 찾아오기를 바라지 말고 직접 만나러 가라. 한 번의 만남이라도 소중히 여기는 마음. 이것이야말로 사람과 사람 사이의 관계를 후회하지 않게 만드는 최고이자 최선의 방법이다.

현재는 영원하지 않다. 지금 이 순간도 다음 순간에 밀려 과거가 되고 만다. 시간은 끊임없이 흐르고 그 흐름을 타고 세상과 사람, 사람과 사람 사이의 관계도 조금씩 변해간다.

누군가를 애타게 그리워한다면 시간을 마냥 흘러가게 두지 마라. 그 시간 속에서는 우연이라도 '만남'이 일어나기 어렵다. 지금 떠오르는 얼굴이 있다면 당신이 먼저 연락을 해보자.

아홉 번째 후회

기억에 남는
연애를 했더라면

'열정적인 연애를 했더라면……'

죽기 전에 이런 후회를 하는 사람이 있을까?

))) 🌙🌗●◗◖((((

　예전에 출판사 편집자와 술을 마셨는데, 그때 그가 내게 이런 질문을 던졌다.

　"그런데요, 선생님. 죽기 전에 연애하지 못한 걸 후회하는 사람이 있나요?"
　"연애요? 어떤 연애요?"

　고개를 갸우뚱거리며 되묻는 내게 그는 이렇게 말했다.

　"불타는 사랑 말이에요. 영화에 나오는 그런 사랑. 왠지 저는 마지막 순간에 그런 걸 후회하게 될 것 같은데……."

　아름다운 사랑은 마지막 여행길을 따뜻하게 비추어

준다. 사랑한다는 건 살아 있다는 가장 확실한 증거이다. 특히 역경이 많은 사랑일수록 기억에 오래 남는 듯하다. 그렇게 생각하면 지금보다 여러 가지 제약이 많았던 과거에 오히려 '불타는 연애 사건'도 많지 않았을까 싶다. 로미오와 줄리엣처럼 말이다.

죽도록 사랑하는 두 남녀가 사랑해서 헤어진다는 말을 남긴 채 서로 만나지 못하다가 마지막 순간에 극적으로 재회하는 이야기는 영화나 드라마에 심심찮게 등장한다. 그 비련의 주인공들은 헤어질 때는 가슴이 찢어졌겠지만, 훗날 눈을 감는 순간에는 그 아픔이 아름다운 추억으로 떠오를지도 모른다.

그런데 요즘은 사랑을 마음이 아니라 물질이나 양으로 재단하는 시대인 듯하다. 많은 사람이 명품 가방을 선물로 주고받으며 사랑을 확인하거나, 두 사람한테 사랑 고백을 받았다는 등의 이야기를 자랑삼아 떠벌린다. 이렇게 피상적 연애를 즐기는 젊은 사람들을 보면, '그들이 정말 사랑했을까?', '진심으로 사랑한다고 느끼고 있을까?'라는 질문을 던지고 싶다. 분명한 것은 남녀의 사랑은 거래가 아니라는 사실이다. 상대방에게 늘 바라기만 하는 욕심과 집착은 사랑이 아니라 자기애의 투영에 불과하다. 자신보다 상대를 먼저 챙겨주고 배려하는 희생이 바로 사랑인 것이다. 그들은 서로의 살아 있는 감정을 솔직히 부딪혀가면서 숭고한 모습으로 사랑을 승화시킨다. 그리고 이 사랑은 서로를 진심으로 아끼고 소중히 여길 때 아름답게 피어난다.

부디 기억에 남는 진짜 사랑을 하라. 뭐든 쉽게 손에 잡히지 않는 것일수록 마음에 오래 남기 마련이다. 연애도 마찬가지다. 너무 흔한 사랑은 충만함을 얻기 어렵다.

모든 면에서 인내를 가슴에 새겼던 윗세대와는 달리, 오늘날 젊은이들은 자유분방한 삶을 만끽한다. 연애도 예외는 아니어서 그들은 너무 쉽게 사랑하고 쉽게 몸을 섞는다. 그러다 싫증이 나면 다른 사람을 찾는다. 이런 사랑은 '쿨'하게 보일지도 모르지만 그 안에서 참사랑을 느낄 수는 없다. 가벼운 사랑은 그만큼 공허함을 동반한다.

그렇다고 일부러 힘든 가시밭길 사랑을 찾으라는 이야기는 아니다. 시류에 맞는 삶의 방식이 있고, 또 주위와 너무 동떨어진 길을 자청하는 일이 최고의 정답은 아닐 것이다.

하지만 상대방을 오랫동안 곁에서 지켜보고, 변함없는 사랑을 주는 연애의 형태도 존재한다는 사실을 알았으면 한다. 이처럼 밀도 있고 무거운 연애는 숨을 거두는 순간, 그 무엇도 대신할 수 없을 만큼 사랑스러운 기억으로 당신의 눈앞에 떠오를 것이다.

그런 의미에서 '슬로우 섹스'가 아니라, '슬로우 러브'를 추천하고 싶다. 진정한 사랑은 몸이 아니라 마음에서 더 오래 꽃핀다는 '고리타분한' 진실을 깨달았을 때, 당신은 마지막 순간을 후회 없이 따뜻하게 맞을 수 있으리라.

나는 장담할 수 있다. 누군가를 진심으로 사랑했던 추억은 마지막 순간을 풍요롭게 해준다는 것을 말이다. 내가 이렇게 확신하는 이유는 실제로 죽음 앞에서 옛사랑의 기억을 떠올리며 행복한 표정으로 고백하는 환자들을 많이 봤기 때문이다. 자신의 인생을 되돌아보면서 떠날 채비를 해야 할 때, 사랑은 마지막 가는 길을 밝혀 주는 아름다운 등불이 될지도 모른다.

나는 어느 할머니의 가슴 시린 사랑 이야기를 들은 적이 있다. 할머니는 죽음이 얼마 남지 않았을 무렵, 지금은 만나지도 이야기를 나누지도 못하는 첫사랑이 이미 고인이 되었다는 소식을 전해 들었다고 한다.

"다음 세상에서는, 그 사람을 꼭 다시 만나고 싶어요."

할머니가 나지막이 이렇게 말하는 순간, 나는 다시 피어날 사랑의 작은 불씨를 보았다. 마지막 순간이 다가올수록 할머니는 엷은 미소를 짓고 있었다.

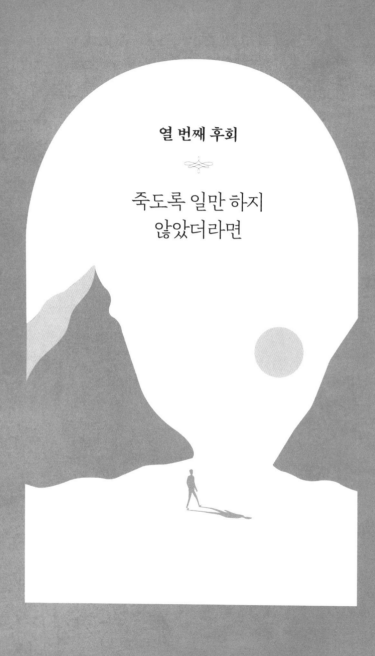

열 번째 후회

죽도록 일만 하지
않았더라면

"걷는 게 참 좋아요. 마냥 걷다 보면 좋지 않은 생각도 다 잊을 수 있지요. 산책하면서 난생처음으로 알았어요. 자연이 이토록 아름답다는 사실을."

))))●(((

　당뇨병을 계기로 하루에 10킬로미터를 산책하는 일흔의 할아버지가 있었다. 이미 세상을 떠났지만 지금도 얼굴이 생생히 떠오를 만큼 인상 깊은 환자였다. 다양한 취미 활동 중에서도 체력을 요하는 운동은 마지막까지 꾸준히 하기가 어려운데, 할아버지는 말기 암에 걸려서도 매일 하는 산책을 절대 거르는 법이 없었다. 거리는 많이 줄긴 했지만 말이다.

　"전에는 마냥 앞만 보고 달렸으니까요. 건강보다 회사 일이 우선이었지요. 술자리 접대가 3차, 4차까지 이어지는 일은 예사였어요. 그래서 이렇게 당뇨병에 걸렸지만요. 지금은 걷는 걸 제일 좋아하지만 사실 처음에 의사 선생님이 산책을 권했을 때는 마뜩잖게 생각했어요. 그런데 직접 운동화를 신고 걸어보니 신기하게도 참 재밌네요. 이제 매일 아침 일찍 일어나서 멀리까지 산책하는 게 낙이에요."

"그래도 10킬로미터는 정말 대단하세요."

"전혀 힘들지 않아요. 병이 찾아오기 전까지는 계절이 바뀌면 바뀌나보다, 달이 바뀌면 바뀌나보다 덤덤했죠. 하지만 지금은 한 계절 한 계절이 그렇게 아름답게 보일 수 없어요. 많은 사람에게 산책을 권하고 싶어요."

이야기를 나눌 당시 할아버지의 체력은 산책은 무리일 정도로 떨어져 있었다. 그래도 그는 즐거운 표정으로 다시 산책을 나갔다. 기분 좋은 산책을 마치고 돌아왔을 때 할아버지가 보여준 환한 미소를 나는 지금도 잊을 수 없다.

요즘은 일이 곧 인생이라고 믿는 사람이 예전보다 많이 줄어들긴 했지만, 그래도 현대인의 노동 시간은 여전히 길다. 물론 회사 일에 파김치가 되면서도 열정적으로 취미를 즐기는 사람도 있다. 그러나 대부분의 사람은 과중한 일에 치여 취미나 여가 생활을 즐길 만한 시간과 여유가 없기 마련이다. 그러나 일이 인생의 전부라고 믿었던 일 중독자는 열이면 열 모두 숨을 거두는 마지막 순간에 반드시 후회했다.

병에 걸려 입원과 퇴원을 반복하다 보면 일을 전혀 할 수 없다. 일이 전부라고 생각하며 살아온 사람은 일을 하지 못하면 삶의 의미를 상실하고 좌절한다.

말기 암으로 괴로워했던 예순이 넘은 환자 Y는 젊은 시절 가정을 희생하면서까지 일에 매달렸다. 일은 Y의 모든 것이었다. 숨이 차고 가슴이 조여와도 사무실로 향했고, 체력이 떨어져 걸음을 내딛기조차 어려운 상황에서도 복직을 희망했다. Y는 더는 일을 할 수 없다는 현실을 깨닫고 일이 아닌 다른 데서 인생의 즐거움을 찾으려고 했지만 이미 Y의 머릿속에는 오직 일밖에 없었다. 만약 또 다른 인생의 묘미를 알았더라면 그녀의 고통은 한결 줄어들었을지도 모른다.

이와는 반대로 쉰을 넘긴 G는 병상에서 점토로 다양한 작품을 만들었다. 병으로 직장을 그만두기 전까지 디자이너로 활동했던 G는 훌륭한 점토 공예품을 빚었

다. 시한부 선고를 받았지만 끓어오르는 창작열은 변함
없었던 것이다. 그녀는 슬하에 두 명의 자녀를 두었는
데 두 자녀 모두 한창 자라는 10대 청소년이었다. 아이
들이 마음에 밟혔는지 새하얀 도화지에 아이들 그림도
자주 그리곤 했다.

G의 첫 작품은 한 마리의 올빼미였다. 올빼미 수가
점점 늘어나면서 어느새 가족이 되었다. 그 작품들을 가
마에 굽자, 은은한 광택을 내면서 아름다운 공예품이 탄
생했다. 병실 한 귀퉁이를 차지한 올빼미 가족은 인자한
표정으로 병실을 오가는 사람을 반갑게 맞곤 했다.

G는 분명 작품 하나하나에 아이들을 향한 사랑을 듬
뿍 담았을 것이다. 그리고 바로 이 여러 점의 점토 공예
작품이 그녀의 유언이라고 나는 확신한다. 떠들썩한 달
변가가 아닌, 차분한 예술가가 사랑하는 사람에게 건네
는 언어로 자신의 작품보다 어울리는 게 또 있을까? 그
녀가 남긴 작품들은 나중에 집으로 옮겨졌는데, 그것들
은 지금도 남편과 아이들을 지켜주고 있을 것이다. 그
리고 그들이 힘겨워할 때마다 생전에 그랬듯 따뜻하게

말을 걸며 위로해주리라.

G는 병실에서 늘 바쁘게 지냈다. 대부분의 환자가 입원과 동시에 딱히 할 일이 없다며 무료해한다. 그러는 동안 시간은 흘러가고 마지막을 맞이한다. 하지만 다양한 취미 활동에 몰두했던 그녀에게는 무료할 틈이 없었다.

호스피스 병동 로비에서 항상 마지막 무대를 장식했던 S도 있었다. 그에게는 듣는 이가 엄지손가락을 번쩍 치켜들 만한 훌륭한 가창력이 있었다. S가 노래를 부를 때면 그 자리에 모인 환자와 의료진은 호소력 넘치는 그의 목소리에 갈채를 보냈다. 그는 커다란 고통 속에서도 노래를 부르기 위해 마지막 순간까지 쉽게 삶의 끈을 놓지 않았다. 이처럼 병마와 사투를 벌이는 순간에도 열정을 불사를 대상이 있으면 죽음 앞에서 조금은 의연해질지도 모른다.

일만 하느라고 놀 줄 모르는 사람들, 제대로 즐길 수 있는 취미가 하나 정도 있었으면 하고 후회하는 사람은 매우 많다. 물론 마지막 순간을 위해 일부러 취미를 가질 필요는 없겠지만, 좀 더 풍요로운 인생을 꿈꾼다면 취미 하나 정도는 갖는 것도 의미가 있지 않을까?

사람들은 자신이 좋아하는 일을 할 때 삶의 기쁨을 느낀다. 세상을 떠날 준비를 하는 시간에도 마찬가지다. 긴 세월 동안 '놀이'를 멈추지 않는 사람들은 마무리를 아름답게 장식한다. 그 모습에 '후회'는 없다.

열한 번째 후회

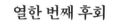

가고 싶은 곳으로
여행을 떠났더라면

"정말 하와이에 가고 싶으세요?"

내가 되묻자 H는 진찰실 천장을 물끄러미 올려다
보았다. 잠시 생각에 잠긴 뒤 진지한 표정으로 대답
했다.

"네, 정말로 가고 싶습니다."

)))))◗◗●●◖◖((((

　여든이 넘은 환자 H가 하와이에 가고 싶다는 말을
꺼냈을 때 나는 내 귀를 의심했다. 그에게 남은 시간은
두세 달 남짓. 평소 휠체어에 의지하는 그에게 그만한
기력은 찾아보기 힘든 상태였다. 비행기로 이동하는 도
중 체력이 떨어져 증상이 갑자기 악화될 수도 있었다.
그러나 그의 목소리에는 의지가 넘쳤고 나를 바라보는
눈빛도 반짝거렸다.

　"선생님, 어떻게 안 될까요?"

　할아버지 옆에 서 있던 딸도 아버지의 마지막 소원
이라며 간곡히 부탁했다. 그들의 굳은 결심에 나는 고
개를 끄덕일 수밖에 없었다. 그리고 위중한 환자가 해
외를 여행할 때 작성해야 하는 까다로운 서류뭉치를 받
아 익숙하지 않은 영문 작성에 열을 올렸다.

몇 주 후, 그는 여행을 무사히 마치고 병원으로 돌아왔다. 떠나기 전과 다름없이 매우 지쳐 보였지만 밝은 표정으로 휠체어에 앉아 있었다.

"좀 어떠세요?"

내 질문에 할아버지는 쑥스러운 듯 살짝 미소만 지었다. 그리고 몇 개월 뒤 그는 돌아올 수 없는 먼 여행을 떠났다. 장례식을 마치고 함께 하와이 여행을 다녀온 딸이 나에게 인사를 건넸다.

"여행하시는 내내 아버지는 무척 행복해하셨어요. 그런 아버지 모습을 보고 저희 가족도 정말 기뻤습니다. 선생님, 감사합니다. 정말로 감사드려요."

이 말과 함께 수줍은 듯 미소를 짓던 할아버지의 얼굴이 내 가슴속에 잊히지 않을 소중한 기억으로 아로새겨졌다.

언제든지 훌쩍 떠날 수 있다고 생각하는가? 맞다. 젊고 건강할 땐 자신이 원하면 언제라도 훌쩍 떠날 수 있다. 나도 건강한 당신이 그렇게 생각하는 게 당연하다고 생각한다. 하지만 어디라도 갈 수 있는 튼튼한 두 다리와 어떤 짐이라도 질 수 있는 단단한 어깨가 영원하리라 여긴다면, 안타깝지만 그건 큰 오산이다. 누구에게나 병은 갑자기 찾아오기 때문이다.

아프면 짐을 꾸리는 일조차 버겁다. 더구나 생이 얼마 남지 않았다면 여행을 떠난다는 건 꿈과 같은 일이 되고 만다. 내 주변에도 마지막 순간이 다가올수록 체력이 많이 떨어져서 가고 싶은 곳에 가지 못하게 된 환자가 많았다. 구경하고 싶은 장소가 해외, 아니 국내라도 병원과 멀리 떨어진 곳이라면, 마지막으로 여행을 떠나고자 하는 소원을 이루기는 무척 어렵다. 체력이 크게 떨어지지 않더라도 배나 비행기를 타고 먼 여행지를 찾아가는 과정에서 기운이 다 빠져 정작 가보고 싶은 곳에 도착해서는 여행을 즐길 만한 여유가 남아 있지 않은 것이다. 그러니 가고 싶은 곳이 있으면 지금 당장 짐을 싸서 떠나는 게 후회를 줄이는 최고의 방법이다.

사실 환자의 여행은 단순히 체력의 문제만이 아니다. 병의 종류에 따라 진통제 등 각종 의료 장치가 필요한 경우도 있고 절차상으로도 꽤나 까다롭다. 해외여행을 할 경우에는 증상이 악화되었을 때를 대비해 영문 소개장이나 현지 언어로 된 소개장이 필요한 경우도 있어서 준비 시간이 많이 걸린다.

예전에 식도암 말기로 심하게 토혈하는 환자가 있었는데, 그 환자는 비행기로 국내 여행을 하고 싶다고 간절히 희망했다. 그때 항공사에 제출할 서류를 준비하면서 고개를 절레절레 흔든 기억이 난다. 위급한 순간에 필요한 산소의 양까지 치밀하게 계산해야 하는 등 아주 세세한 부분까지 미리 대비해야 했다. 이렇듯 죽음을 앞둔 말기 환자가 여행을 떠나기란 쉽지 않다. 까다로운 절차와 번거로운 준비 사항뿐 아니라 주위 사람들의 반대도 무시할 수 없다. 그러나 삶의 시간이 얼마 남지 않았다고 하더라도 환자 본인과 가족이 간절히 원한다면 떠나는 게 옳은 일이라고 나는 생각한다.

나는 인생의 여행을 떠나기 불과 며칠 전, 바다 여행을 떠난 환자와 가족을 알고 있다. 건강했을 때 곧잘 수상 스포츠를 즐겼던 환자는 호수 이야기를 할 때면 빛나는 호수를 바라보듯 눈을 반짝였고, 망망대해 바다를 이야기할 때면 넘실대는 파도가 마음에 일렁이는 듯 감동에 찬 표정을 지었다. 그토록 바다를 사랑했던 그는 마지막으로 바다가 보고 싶다고 간청했다.

교토의 병원에서 바다까지는 제법 거리가 있다. 하지만 그는 간절히 원했고 가족도 환자의 꿈에 동승했다. 모두 차를 타고 북쪽으로 향했다. 작은 바닷가에 휠체어가 멈췄다. 백사장 한가운데서 환자는 그윽한 눈빛으로 바다를 바라보았다. 숨은 가빴지만 행복이 가득한 눈빛이었다. 사랑하는 바다로 마지막 여행을 다녀온 환자는 그다음 날, 인생의 먼 여행을 떠났다. 바다를 사랑한 그는 마지막으로 바다를 보면서 인생의 마침표를 찍었으리라. 한 점 후회 없는 생의 마지막 여행을 떠올리면서.

흔히들 고민이 있으면 여행을 떠나라고 조언한다.

거동이 불편할 때는 떠나고 싶어도 떠나기 어려운 현실을 수없이 목격한 나는 감히 이렇게 말하고 싶다. 고민이 없어도 떠나라. 여행은 모든 후회를 말끔하게 씻어 줄 것이다.

열두 번째 후회

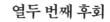

내가 살아온 증거를
남겨두었더라면

'내가 살아온 발자취를 남기고 싶다.'

이는 모든 사람의 희망이자 바람일 것이다.

　나이가 들면서 자서전을 준비하는 사람들의 심정이 이해가 간다. 인생이란 자신의 역사이기에 그 역사를 기록하는 일은 충분히 의미 있는 일이기 때문이다.

　지금까지 나는 자신의 흔적을 남기고 싶어도 몸이 말을 듣지 않아 좌절하는 환자들의 안타까운 순간을 수없이 마주해왔다. 그러나 그와 반대로 얼마 남지 않은 죽음을 앞두고도 자신의 발자취를 감동적으로 남기는 사람도 만날 수 있었다.

))))➤◗◖◖((((

어느 날 나는 간호 잡지에서 어느 소녀에 대한 사연을 읽었다. 소녀는 백혈병으로 세상을 떠난 열일곱 살의 여고생이었다. 열일곱 살이라니……. 평균 수명의 5분의 1에도 미치지 못하는 나이. 대부분의 사람들이 누리는 시간의 절반도 살지 못했던 그녀는 많이 아파한 만큼 세상을 많이 원망했을 거라고 생각했다. 그러나 잡지에 실린 소녀의 편지를 읽고 나니 이런 생각이 틀렸다는 사실을 깨달았다.

어쩌면 이 글이 내가 쓰는
마지막 편지가 될지도 모른다.
어떤 이야기를 해야 할까?
작별 인사는 딱히 떠오르지 않는다.
사실 나는 조금 더 살고 싶다.
병을 이겨내고 좀 더 오래 살고 싶다.

고마워. 나를 위해 같이 아파하고,

또 울어준 모든 사람들. 정말 고마워.

사람은 누구나 누군가에게

도움을 주고 싶은 법이다.

힘과 용기를 주고 싶어 한다.

누군가 또 무언가를 위해

의미 있는 죽음이 되고 싶은 꿈을 꾼다.

나의 삶과 죽음도 의미가 있기를

간절히 바란다.

적어도 지금 이 편지를 읽는

모든 사람의 삶은 나에게 의미가 있다.

그들은 나에게 없어서는 안 될

아주 소중한 존재이기 때문이다.

그들에게 이렇게 말해 주고 싶다.

"당신들은 모두 나에게

소중한 사람들입니다.

진심으로 존경하고 고마워하는 사람이

이 세상에 살았다는 사실을

부디 잊지 말아주세요."

이 편지는 소녀를 아는 사람뿐 아니라 소녀를 모르는 사람에게도 가슴 뭉클한 감동을 선사한다. 짧은 내용에는 소녀의 심정이 절절히 담겨 있다. 더욱이 이 편지를 읽은 모든 이의 마음속에는 소녀의 존재가 깊이 각인되어 영원히 살아 숨 쉬리라. 이렇듯 당사자는 세상을 떠나도 그 사람이 남긴 발자취는 오랫동안 남는다. 그 흔적은 남아 있는 사람들에게 배움과 깨달음, 위안과 용기를 선사한다. 자신의 발자취를 남기는 일은 스스로 후회를 줄일 뿐 아니라 타인의 아픔을 덜어주는 일인지도 모른다.

그렇다면 당신은 인생을 살아온 증거로 무엇을 남기고 싶은가? 나는 어느 노화가의 마지막을 지켜본 적이 있다. 아흔이 넘은 나이에도 화가는 왕성한 창작 의욕을 불태웠다. 예술가의 집념을 두 눈으로 직접 확인하는 순간이었다. 화가는 마지막 순간까지 생명의 불꽃을 화폭에 옮겨 담았다. 그리고 그 불꽃이 꺼지려고 할 때

제자가 스승의 임종 순간을 화폭에 담았다. 온기가 사그라져가는 스승 곁에서 한 인간의 뜨거운 열정을 화폭에 고스란히 옮겨 담기 위해 제자는 쉴 새 없이 손을 움직였다. 병실의 공기까지 묘사하려는 제자를 물끄러미 쳐다보면서 나는 노화가의 혼이 제자에게 계승되고 있다는 사실을 실감했다. 노화가가 그 제자 입장이었더라도 그 순간을 놓치지 않고 화폭에 담았으리라.

어느 학자는 자신의 연구 생활을 집대성한 서적을 남겼다. 어느 여의사는 어릴 적부터 떠나기 직전까지의 인생을 시로 남겼다. 이들은 세상을 향해 자신의 목소리를 내고 자신이 살아왔음을 당당히 보여주었다.

아마도 산고를 겪은 여성이라면 자식을 자기 인생의 작품이자 증거로 여기리라. 새삼 특별한 것을 준비하지 않아도 자식을 통해 자신의 흔적이 대대손손 이어진다고 확신하는 것이다. 반면 남성은 자식과의 고리를 여성만큼 실감하지 못하기 때문인지 어떤 수단과 방법을 동원해서라도 연명하기를 희망하는 의지가 여성보다 훨씬 높다. 결과적으로 남은 시간의 대부분을 치료에 허비해서 살아온 증거를 남기려고 해도 이미 시기를 놓치는 일이 흔하다.

내가 하고 싶은 말은, 건강할 때 인생의 총정리 시간을 가지라는 것이다. 예순, 일흔 나이가 들 때까지 기다리면 이미 늦다. 왜냐하면 언제 죽음의 사신이 당신을 데려갈지 아무도 모르기 때문이다.

그렇지만 살아온 발자취를 남기고 싶다고 해도 실제로 무엇을 남기는 일은 쉬운 일이 아니다. 보통 사람이 역사에 길이 남을 만한 업적이나 사람의 마음에 오래도록 새길 만한 위대한 작품을 남기기는 어렵다. 그렇다면 충분히 실현 가능한 과업은 없을까? 물론 물질적인 것을 남길 수도 있겠지만 자신의 손때와 정성이 담긴 소박한 작품이라면 어떨까?

실제로 무언가를 만들어보면 실감할 테지만 그것이 크든 작든 창작물을 만드는 행위에는 엄청난 에너지가 필요하다. 나도 어설프게나마 글을 쓰는 사람으로서, 마르지 않는 샘처럼 다양한 글감과 화젯거리를 뽑아내는 일이 얼마나 어려운지 매번 통감한다.

하지만 힘이 들더라도 자신이 살아온 흔적을 남기는 과업은 스스로 자신의 생명을 격려하고 도닥이는 일이기도 하다. 생명이 사라져도 과업은 오래도록 사라지지 않는다. 이런 진실을 깨달을 때, 인간의 힘과 의지는 더 강해진다.

거창한 총정리가 부담스럽다면, 가족들에게나마 자신의 존재를 남기는 일 정도면 충분하다. 사랑하는 가족에게 편지를 남기는 것이다.

젊은 나이에 어린 자녀를 두고 떠날 때는 아이가 부모의 죽음을 이해하지 못하는 일도 있다. 특히 어린아이들은 '죽음'이라는 단어를 쉽게 받아들이지 못한다. 이럴 때 자신의 분신인 자녀에게 아버지 혹은 어머니는 이런 사람이고 이렇게 살아왔다고 편지에 써서 전해보면 어떨까? 성인이 된 자녀에게도 말로 하기 어려운, 진지한 이야기는 편지를 통해 조곤조곤 들려준다면 좋을 것이다. 겉으로 표현하는 데 주저하는 사람에게, 글은 매우 유용한 방법이라고 생각한다. 쑥스러운 이야기나

속 깊은 진심을 솔직하게 토로할 수 있기 때문이다.

가족뿐 아니라 절친한 벗이나 지인에게 편지를 남기는 사람도 있다. 마흔가량의 여성 환자는 친구와 가족들에게 편지를 쓴 것은 물론, 병원 사람들에게도 한 권의 작은 앨범을 건넸다. 앨범에는 한 사람 한 사람에게 띄우는 메시지가 정성스럽게 새겨져 있었다.

그 글을 썼을 당시 환자는 글을 쓰기 어려울 정도로 병세가 악화해서 중환자실에 누워 있었다. 그런 악조건 속에서도 한 치의 흔들림 없이 가지런히 쓴 글씨를 보면서 나는 커다란 감동을 느꼈다. 그 글에는 환자의 맑은 영혼이 그대로 담겨 있었다.

그녀의 앨범은 지금도 병원 문고에 꽂혀 있다. 나는 일상에 지칠 때마다 그 앨범을 다시 꺼내보곤 한다. 그때마다 큰 위안을 얻는다. 앨범을 통해 남긴 환자의 마음이 나에게 고스란히 전해지기 때문이리라.

손으로 쓴 편지 대신 이메일이나 문자로 소통하는 것이 일반적이 되어버린 세상에서 친필로 또박또박 써내려간 편지는 읽는 사람의 마음을 따뜻하게 만든다.

글씨는 이 세상에 그 사람의 흔적을 진하게 새기는 가장 정직한 수단이다.

자, 당신은 당신이 살아온 증거로 무엇을 남기고 싶은가?

열세 번째 후회

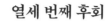

삶과 죽음의 의미를
진지하게 생각했더라면

나는 생이란 타인의 삶과의 연결 고리 속에 존재한다고 믿는다. 인간은 고독하지만 홀로 살 수 없다. 외롭지만 늘 누군가와 이어져 있다는 느낌을 원한다. 그렇게 우리는 누군가와 함께 있을 때 자신의 존재 가치를 찾는다.

)))))◗●◖((((

앞 장에서 소개한 소녀는 편지에 '나의 삶과 죽음이 의미가 있기를 간절히 바란다'라고 적었다. 이는 소녀뿐만 아니라 모든 이의 바람이기도 하다. 누구나 자신의 삶과 죽음이 의미 있기를 바란다. 삶이 무의미하다면 사람은 죽을 수밖에 없다. 죽음이 무의미하다면 삶 역시 무의미하다. 그래서 인간은 끊임없이 생과 사의 의미를 찾는다. 무의미한 삶과 죽음을 두려워하는 것이다. 하지만 삶과 죽음의 의미를 찾는 일은 그리 간단하지 않다.

나는 사람은 자신의 삶을 타인에게 새기기 위해 살아간다고 생각한다. 언젠가 이 말을 과학을 업으로 삼고 있는 친구에게 했을 때 그는 이렇게 반문했다.

"틀린 말은 아니지만, 내가 살아가는 이유, 남이 아닌 순전히 나를 위해 살아가는 이유를 말로는 다 설명하기 어렵잖아?"

친구는 이 문제를 좀 더 이성적으로 설명했다.

"결국 사람은 티끌이 되지. 우주의 티끌. 나는 아무리 생각해도 그 이상의 의미를 찾지 못하겠어. 몽상이나 환상을 믿지도 않고. 과학자로서 삶과 죽음은 그저 하나의 현상으로밖에 안 보여."

당신은 어떻게 생각하는가? 이는 간단하게 대답할 수 있는 문제가 아니다. 아마도 이 지구에 존재하는 사람의 숫자만큼 다양한 대답이 나올 테고, 또 어떤 대답이 정답이라고 단정 지을 수도 없을 것이다.

하지만 한 가지 분명한 것은 죽기 전에 삶과 죽음의 의미를 진지하게 모색하지 않으면, 생사의 갈림길에서 가슴 치는 후회를 할 수도 있다는 사실이다.

세상은 고통과 고뇌로 넘쳐난다. 사람은 살아 있는

동안 수없이 많은 장애물과 부딪히는데, 이런 팍팍한 현실을 놓고 보면 인생은 고통 그 자체인지도 모른다.

한편 살아 숨 쉬는 동안 소소한 행복을 느낄 때도 있다. 이를테면 좋아하는 사람들과 맛있는 음식을 먹으면서 서로 마음을 터놓고 대화를 나눌 때가 그렇다.

여러 가지로 아직 미숙한 나는 깨달음의 문턱에도 가보지 못했지만, 생과 사는 참으로 경이롭다고 생각한다. 삶과 죽음은 빛과 어둠이 공존하기 때문에, 절대 선 혹은 절대 악으로 논할 수 없다는 사실은 분명하다. 행복의 정점을 지나면 다음에 오는 손님은 불행이고, 반대로 불행의 밑바닥에 있다면 그 후에는 행복이 찾아온다. 인생이란 부침이 심한 돛단배 같다. 그러기에 가치관 혹은 인생관이라 할 수 있는 자기만의 확고한 축, 자신의 철학이 없으면 가라앉고 말 것이다.

실제로 삶과 죽음의 문제를 진지하게 생각하지 않고, 마지막 순간을 맞이하는 사람들은 굉장히 괴로워한다. 단순히 살아 있는 시간만이 행복이고, 죽음은 불행하다고 믿는다면 인간의 일생은 틀림 없이 불행하게 마감된다. 사는 일이 끊임없이 계속되는 상실의 체험에 그치고 마는 것이다. 죽음을 맞이하기 전에 그 의미를 찾아내서 깨달음을 얻지 못한다면, 죽음은 무시무시한 공포의 실체로 당신의 눈앞에 서게 될 것이다.

사회적으로 존경받은 인물들은 대개 자신의 철학이 확고했다. 물론 그 철학이 가벼운 쾌락으로 흘렀을 때는 마지막 순간 자신이 쌓아올린 성이 무너지기도 하지만, 독자적인 인생관을 자신의 철학으로 쌓아올린 사람들은 죽음 앞에서도 아주 당당했다.

삶이란 어쩌면 고통일지 모른다. 물론 병원은 아프고 고통받는 사람들이 모이는 곳이니까 더욱 그런 생각이 드는지도 모르지만, 병원에서 일주일만 지내다 보면 내 삶만 유독 팍팍한 것은 아니라는 세상의 진리를 뼈져리게 깨닫게 된다.

만약 우리가 거친 폭풍우 한가운데 서서 삶과 죽음이 무엇인지 나름 확실히 정의 내려 둔다면 화창한 날이나 비 오는 날이나 변함없이 담담하게 살아갈 수 있지 않을까?

나도 한낱 나약한 인간에 불과하니 사사로운 일에 마음이 요동칠 때가 많다. 하지만 그럴 때마다 죽음과 직면한 이의 시련에 비하면 아무것도 아니라는 뉘우침이 고개를 든다.

삶과 죽음을 깊이 생각하면서 그 의미를 찾아내고 또 확고히 다져두면, 죽음의 공포에서 자유로울 수 있다. 더욱이 건강할 때 확고한 철학을 갖고 살아간다면, 하루하루를 보람 있게 보낼 수 있을 뿐 아니라 행복한 마무리도 지을 수 있다고 확신한다.

열네 번째 후회

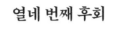

고향을
찾아가 보았더라면

"혹시 지금 가장 하고 싶거나 마음에 걸리는 일이 있으면 말씀해보세요."

"음. 고향에 가고 싶어요. 고향에서……, 마지막 시간을 보내고 싶어요."

))))🌒🌒🌑🌑🌑🌓🌓(((((

교토의 병원에 근무할 때였다. 시간이 몇 주밖에 남지 않은 환자 J에게 나는 뭔가 해주고 싶었다. 그러나 J의 소원을 듣는 순간, 고민에 빠졌다. 호스피스 병동에 입원하려면 대개 오랫동안 기다려야 차례가 돌아온다. 다시 말해 고향에 있는 요양 병원을 소개해도 실제로 입원하려면 몇 주를 더 기다려야 한다는 건데, 그렇다면 J가 고향에 닿기도 전에 눈을 감을 수도 있다는 의미다. 나는 바로 인터넷을 검색하여 J의 고향인 돗토리의 한 병원에 문의했다. 하지만 예상대로 병실이 있어도 입원은 이삼 주 후에나 가능하다고 했다.

그때 갑자기 예전에 우리 병원으로 연수차 내원했던 안면이 있는 간호사가 떠올라 바로 그녀에게 전화를 걸었다. 그리고 그녀에게 환자의 간절한 소망을 들려주었더니 왕진 중이었던 병원 원장에게 서둘러 연락을 취해 정말 고맙게도 J를 바로 받아주겠다는 허락을 받아냈다.

J는 다음 날 병원을 옮겼다. 웃는 얼굴로 손을 흔들며 차에 오른 J는 씩씩하게 고향으로 내려갔다. 그리고 몇 주가 흘렀다.

바쁜 일상 탓에 J의 일이 기억 저편으로 사라질 무렵, 그 간호사에게 전화가 왔다.

"오늘 J씨가 돌아가셨어요."

J에게 고향 생활은 아주 행복했던 것 같다. 병원에 도착하자마자 가족들이 환자 곁을 지킨 모양이었다. 병실은 언제나 웃음이 넘쳤다고 한다. 마지막 순간까지도.

J는 고향의 품에서 끈끈한 가족의 정을 다시 찾았다. 당초 예상했던 시간보다 훨씬 더 긴 시간을 보낼 수 있었던 건, 분명 고향과 가족의 힘이라고 나는 믿는다.

인간이라면 누구나 향수鄕愁를 가지고 있다. 어쩌면 지치고 힘이 들 때마다 떠오르는 '어딘가로 돌아가고 싶다'는 막연한 생각은 우리가 생의 마지막에 섰을 때야 분명하게 드러나는 감정일지도 모른다. 그리고 그건 살아 있는 모든 생물 안에 내재된 '그리움'인지도 모른다.

남은 생이 불과 이삼 주라는 사실을 알면서도 비행기를 타고 머나먼 고향을 찾은 할머니도 있었다. 마음을 단단히 먹고 떠난 마지막 여행이었다. 할머니는 고향을 찾아가 부모님 산소 앞에서 많은 이야기를 했다. 고향에 사는 형제들과도 도란도란 이야기꽃을 피우며 마음속으로 작별 인사를 고했다. 그러고는 불편한 몸을 이끌고 천 킬로미터 이상의 장거리 비행을 마친 뒤 병원으로 다시 돌아왔다. 살 수 있는 시간이 길어야 이삼 주, 게다가 걸음을 떼는 일조차 버거운 할머니의 기적 같은 여로였다.

그보다 더 기적 같은 일은 그 후에 일어났다. 이삼 주밖에 남지 않았던 시간이 일 년으로 늘어난 것이다. 고향으로 떠난 마지막 여행이 할머니에게 생명을 불어넣은 모양이었다. 할머니의 간절한 소망이었던 머나먼 고향을 찾아 부모님에게 인사를 드린 일이 그녀의 몸과 마음에 강력한 생명의 불씨를 다시 지핀 것인지도 모른다.

누구나 죽음 앞에 서게 되면 과거를 돌아보게 된다. 그럴 때면 어린 날의 기억이 더욱 또렷하게 떠오른다. 치매에 걸린 환자들을 보면 어린 시절의 기억으로 되돌아가는 경우가 많다. 그럴 때마다 나는 어릴 적 기억이 얼마나 단단한 뿌리가 되어 사람의 마음에 박혀 있는지 다시 한번 실감하곤 한다.

의식하지 않아도 인간의 깊숙한 내면에는 유년의 기억과 어릴 적 살았던 공간, 그 공간에서 함께 했던 사람들이 잠자고 있다. 그리고 세상을 떠나는 순간이 다가오면 까닭 없이 그 시절이 그리워진다.

그것이 바로 향수가 된다. 그 시절은 이미 지나간 옛이야기일 뿐이고, 그 시간을 되돌리려고 아무리 발버둥질을 친다 해도 다시 돌아갈 수 없다는 사실을 알고 있기 때문이다. 하지만 우리는 그 시간을 사랑할 수는 있다. 행복했던 시간을 통해 내가 살아 있다는 사실을, 또 내가 살아온 흔적을 되살리고 곱씹을 수 있다면 추억은 추억 이상의 가치를 지닌다. 수많은 망향가와 고향을 주제로 한 예술작품을 보면, 고향 생각이 얼마나 한 인간의 마음속에 단단히 뿌리내리고 있는지 알 수 있다.

죽음의 문턱에서 사람은 과거를 반추한다. 이는 자신의 과거를 타인에게 술회하는 '라이프 리뷰life review'로도 나타나는데, 이 회상은 정신적 고통을 덜어주는 데도 많은 도움이 된다. 눈을 감기 전에 고향이나 부모님 산소를 직접 찾고 싶다는 환자가 많은 까닭은 바로 이런 이유 때문이 아닐까?

인간은 자신이 죽는다는 만고의 진리를 잊고 산다. 사는 게 바쁘면 바쁠수록 마음은 온통 밖으로 향하여 죽음을 생각할 겨를 같은 건 없어진다. 더욱이 젊을 때는 죽음을 나와는 전혀 무관한 일로 인식한다. 그렇게 앞만 보고 달리면 달릴수록 시간은 점차 빛의 속도로 흘러가고 우리는 자신도 모르게 나이를 먹는다. 그 안에서 우리는 고향에 대한 그리움을 뒤로 하고 늘 현실에서 퍼덕거린다.

하지만 '이제 정말 찾아가봐야겠다'며 마음먹는 그 순간, 이미 더 먼 길을 떠나야 하는 처지에 있다면 과연 당신은 후회하지 않을 자신이 있는가?

물론 고향이나 과거의 추억은 손에 닿지 않는 곳에 있으니 아름다울 수 있다. 간만에 고향을 찾았더니, 혹은 어릴 적 소꿉친구를 만났더니 몰라보게 변한 모습에 실망한 적도 있을 것이다. 그런 이유로 고향을 멀리하는 겁쟁이도 분명 있으리라.

그러나 기회가 닿는다면 반드시 고향을 찾으라고 권하고 싶다. 자신이 살아온 흔적, 삶의 근원을 확인하는 일은 분명 당신의 인생에 힘찬 에너지를 선사할 테니까.

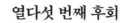

맛있는 음식을
많이 맛보았더라면

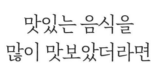

환자들은 입을 모아 말한다.

"선생님, 먹고 싶은 것도 없고, 먹을 힘도 없어요."

인간의 욕망 중 가장 강하다는 식욕도 죽음 앞에서
는 무색해지는 모양이다. 말기 환자들에게 먹는다
는 건, 또 하나의 고통이다.

))ﾠ)ﾠ)ﾠ🌙ﾠ🌘ﾠ●ﾠ🌒ﾠ(ﾠ(ﾠ(ﾠ((

　사실 생사의 기로에 서면 식욕이 떨어져서 아무것도 입에 대고 싶지 않다. 그 모습을 보는 가족들은 안타까운 마음에 환자에게 뭐라도 먹이려고 한다. 어떤 날은 소리를 지르면서, 또 어떤 날은 살살 달래면서 "병하고 싸우려면 체력이 있어야지" 하며 먹을 것을 입에 갖다 댄다.

　하지만 시간이 몇 주밖에 남지 않았을 때는 음식이나 주사액이 수명에 영향을 주지 않는다. 다시 말해 식욕이 없는 환자에게 억지로 음식을 떠넣는다고 해서 그 음식이 체력을 보강해주지는 않는다는 뜻이다. 한 숟가락이라도 더 먹이려는 가족들의 안타까운 마음을 모르는 바는 아니지만, 먹지 않겠다고 손사래 치는 환자에게 먹으라고 강요하는 모습은 곁에서 보기에도 참 안쓰럽다.

　마지막 순간에 찾아오는 식욕 부진은 환자에게도 괴로운 일이다. 눈앞에 산해진미가 가득해도 전혀 식욕이 당기지 않는다. 가까스로 입에 넣어도 무슨 맛인지 전혀 알 수가 없다. 가족들의 음식 권유를 매번 거절하는 일도 미안하고 피곤하다.

얼마 전 우리 병원을 찾은 어느 환자에게 가장 힘든 게 무엇이냐고 물었더니 이렇게 대답했다.

"먹기 싫다는데 먹으라고 하는 게 정말 싫어요. 내가 먹을 수 없다는 사실을 아무도 이해해주지 않아요. 가족도 의사 선생님도, 간호사도요."

환자는 굉장히 괴로운 듯이 호소했다.

"주위에서 하도 먹으라고 야단이니까 억지로 입에 쑤셔 넣어요. 그런데 음식이 아니라 돌을 씹는 것 같아요. 아무 맛도 느낄 수 없어요."

울먹이는 환자를 향해 나는 이렇게 말했다.

"그래요, 정말 입맛이 당기지 않으면 억지로 드실 필요는 없습니다."

죽음을 앞두고 괴로워하는 사람에게 억지로 음식을 권하는 일은 의미가 없다. 배불리 먹는다고 남은 시간이 늘어나지는 않는다. 슬프지만 그게 현실이다. 물론 환자가 평생 즐겨 먹었던 음식을 입에 넣어도 전혀 그 맛을 느끼지 못할 때 옆에서 지켜보는 사람은 가슴이 찢어진다.

어떤 환자는 하루 세 끼 현미만 권하는 남편 때문에 굉장히 힘들어했다.

"선생님, 현미가 몸에 좋다는 건, 저도 잘 알고 있어요."

찌푸린 얼굴로 환자는 입을 열었다.

"하지만 오늘내일하는 제가 현미를, 그것도 삼시 세

끼 챙겨 먹는다고 도움이 될까요?"

환자의 마음을 헤아리지 않은 채 가족들의 마음만 앞세우는 일은 서로를 지치게 만들 수 있다. 지극 정성으로 돌보는 가족의 간호는 환자에게 큰 힘이 되기도 하지만, 도를 지나치면 환자를 힘들게 할 수도 있다.

얼마 남지 않은 시간을 앞두고 입맛을 잃은 환자를 볼 때마다 나는 생각한다. 정말 좋아하는 먹을거리는 건강할 때 맛있게 맛보는 게 최고라는 사실을. 간혹 평소 즐기지 않던 음식을 찾는 환자를 접할 때면 반가운 마음이 들기도 한다. 콜라나 사이다 같은 탄산음료, 컵라면의 자극적인 맛, 혹은 설탕보다 더 달콤한 단맛을 찾는 사람도 있다. 또 부드럽게 넘어가는 아이스크림이나 푸딩, 젤리 등을 찾는 환자도 많다. 먹고 싶은 게 있으면 생각날 때 먹어라. 먹는 즐거움은 우리 인생에서 결코 무시할 수 없는 강력한 힘이기 때문이다.

지나친 편식이나 몸에 해로운 음식만 골라 먹는 건 문제지만, 반대로 지나치게 건강식만 고집하는 일도 맛

없는 인생으로 가는 지름길이 아닐까? 이를테면 입으로 식사를 할 수 없는 환자나 고령자를 위하여 튜브를 통해 영양을 공급하는 '경관 영양식'은 분명 훌륭한 음식이다. 같은 내용물의 액체를 하루에 1리터 이상 공급하면 수년 혹은, 십 년 이상 생존하는 사람도 있다. 게다가 보통 사람보다 훨씬 건강할 수 있고 피부에 윤기마저 흐른다고 하니, 경관 영양식은 가히 최고의 영양식이라 할 수 있을 것이다. 그렇지만 맛을 두고 따져 보면 이야기가 전혀 달라진다. 아무리 영양 만점이라도 경관 영양식을 죽을 때까지, 매일 먹고 싶다는 사람은 물론 없을 것이다. 아무리 맛있는 음식도 매일 먹으라면 물리기 마련이다. 하물며 아무 맛도 없는 액체를 평생 먹어야 한다는 건 상상만 해도 끔찍하다. 영양도 중요하지만 먹는 즐거움이 배제된 식사에서 식사로서의 가치를 발견하기는 어렵다.

일단 병에 걸리면 건강할 때와 똑같은 식생활을 기대하기 어려운 게 사실이다. 그러니 건강할 때 진짜 좋아하는 음식을 즐겨라. 그리고 그 시간을 가족 혹은 친구들과 함께 나눠라. 그것이 후회를 줄이는 방법이다.

"생과 사를 넘나드는 마지막 순간에 맛있는 음식을 그리워하는 사람도 있나요?" 하고 의문을 가질지 모르지만, 실제로 그런 사람들이 적지 않다는 사실을 잊지 말자.

죽을 때 후회하는 스물다섯 가지

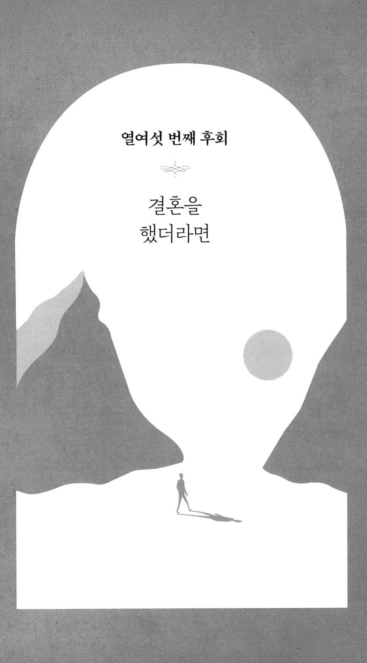

열여섯 번째 후회

결혼을
했더라면

두 사람 가운데 어느 한쪽이 먼저 떠나야 할 때 결혼을 원하는 경우를 종종 보기도 한다.

그들은 죽음의 사신과 싸우고 있다는 사실을 잘 알면서, 말하자면 머지않아 사별할 것을 알면서도 결혼식을 올리고 법적으로 정식 부부가 되는 사람들이다.

))))))●●●(((((

　내가 목격한 어느 부부는 신부의 남은 시간이 불과 한두 달이라는 사실을 알면서도 결혼식을 올리고 법적으로도 하나가 되었다. 안타깝게도 신부는 결혼식을 올리고 나서 얼마 지나지 않아 스물 몇 해의 짧은 생을 마감했다. 하지만 신부의 마지막은 무척 아름다웠고 행복해 보였다.

　국제결혼을 한 부부도 있었다. 영국에서 오랫동안 함께 지냈던 두 사람은 일본인 여성이 위암 말기라는 진단을 받자마자 고향에서 치료를 받기 위해 귀국했다. 물론 그 여성과 십 년 가까이 함께 생활했던 알제리 남성도 일본을 찾았다. 하루가 다르게 야위어가는 사랑하는 사람 곁에서 남자는 지극 정성으로 간호했다. 그리고 둘은 정식으로 부부가 되기를 원했다. 하지만 부인에게 일반 결혼식장에서 식을 올릴 수 있을 만큼의 체력이 남아 있지 않았다.

결국 우리는 병원 안에 있는 작은 교회에서 그들의 결혼식을 준비했다. 참으로 따뜻한 결혼식이었다. 신부의 친구들과 친척들이 모여서 눈물과 웃음으로 두 사람의 결합을 축복했다. 병원 식구들도 축가를 부르고 꽃다발을 건네며 진심으로 축하해주었다. 그들이 함께 할 수 있는 시간은 비록 이 주 정도밖에 남지 않았지만 두 사람은 신성한 결혼식을 통해 영원히 맺어진 것이었다.

이처럼 마지막 순간에 결혼을 희망하는 사람들은 결혼을 '남들 다 하니까 나도 한다'는 식의 통과의례쯤으로 간단하게 생각하지 않는다. 내가 그동안 만난 시한부 부부들은 결혼이라는 절차에 단순히 제도 이상의 성스러운 가치를 두는 듯했다.

죽음을 앞두고는 타인과의 유대감이 흔들리기 쉽다. 하지만 결혼이라는 의식을 통해 많은 사람 앞에서 맺어진 두 사람의 끈은 쉽게 풀리지 않을 것이다.

요즘은 시대가 시대인 만큼 결혼이라는 제도에 굳이

얽매이지 않는 사람이 늘고 있다. 그러나 '자식이 있었더라면' 하고 후회하는 사람에 비해 그 수는 적지만, 평생을 독신으로 지낸 환자들 가운데 '결혼했더라면' 하고 후회하는 사람들이 간혹 있다. 굳은 신념으로 평생 독신을 고집한 사람이 많았던 예전과는 달리 요즘은 사회 환경의 변화에 발맞추어 얼떨결에 독신으로 남은 사람들이 많기 때문일지 모른다. 그렇다면 앞으로는 죽음을 앞두고 결혼하지 않은 것을 후회하는 독신이 급증하지 않을까?

사별해도 흔들리지 않는 영혼의 관계를 볼 때마다 결혼이란 신성한 것이라는 생각이 절로 든다. 그러고 보면 죽기 전에 꼭 해야 할 일 가운데, 결혼이 순위에 들어가야 하지 않을까 싶다. 부부가 혈연관계를 초월해 하나로 맺어지는 것은 인생에서 가장 큰 보물을 손에 넣는 것과 다름없다. 그리고 어차피 할 거라면, 다음 생애에 태어나도 다시 만나 사랑하고 싶은 천생배필과 결혼하는 게 최고일 것이다. 눈을 감는 순간, 내가 누구보

다도 사랑하는 단 한 명의 사람이 내 곁을 지킨다면 그
보다 더 편안하고 행복한 순간이 어디 있겠는가.

열일곱 번째 후회

자식이
있었더라면

자녀가 일곱, 손자가 스물, 증손자가 서른 명이나 되는 여든 넘은 할머니가 있었다.

"증손자까지 챙기려면 너무 힘들어요."

말은 그렇게 해도 할머니의 얼굴에는 흐뭇한 미소가 가득했다.

))) 🌙 🌒 ● ◗ ((((

　일곱 명의 자녀를 어엿한 성인으로 키우고 가르치는 일은 쉬운 일이 아니다. 할머니의 얼굴에 새겨진 주름의 깊이가 힘들었던 인생을 대신 말해주었다. 이제 할머니는 먼저 떠난 할아버지를 만날 채비를 하고 있었다. 때때로 머리가 하얗게 센 아들과 그 아들이 아장아장 기어다니는 아들을 데리고 할머니의 병실을 찾곤 했다. 4대가 함께하는 할머니의 병실은 언제나 시끌벅적하고 훈훈한 정이 넘쳤다. 손자와 증손자의 얼굴을 번갈아 쳐다보는 할머니의 눈에는 지금까지 열심히 살아온 인생의 결과물을 바라보는 듯 뿌듯함이 담겨 있었다.

　할머니의 고생은 알찬 결실을 맺었다. 서른 명이 넘는 가족 부대가 밤낮으로 간호를 했고 마지막 순간에는 모든 가족이 지켜보는 가운데 편안히 눈을 감았다. 할머니의 힘들고 어려웠던 지난 시간은 평온한 마지막과 함께 말끔히 지워지지 않았을까?

평생 독신을 고집했던 사람들은 결혼 자체보다 '자식이 있었더라면' 하는 미련을 내비치는 경우가 많다. 지금처럼 불임 치료가 발달하지 않은 시절에는 아이를 간절히 원해도 갖지 못하는 부부가 적지 않았다. 이처럼 아이를 갖지 못하는 부부는, 어쩔 수 없다는 사실을 스스로 수긍하고 살면서 자식에 대한 미련을 애써 지우려 했는지도 모른다.

실제로 병실에서 자식이 없음을 후회하는 부부의 목소리는 거의 들어보지 못했다. 반면에 독신으로 지낸 사람은 마지막 순간에 눈시울을 적시며 후회한다.

"결혼해서 아이를 가졌더라면……. 그게 제일 후회가 되네요."

자유와 고독은 한 몸이다. 누군가와 함께 산다는 것은 절대 쉬운 일이 아니다. 무엇보다 인내가 필요하다. 늘어나는 가족 수만큼 개인이 누릴 자유는 줄어든다. 자녀가 없으면 없는 만큼 편하고 자유로울지도 모른다.

하지만 사람과 사람이 부대끼면서 느끼는 친밀감은 맛보기 어려울 것이다.

물론 이런 문제는 개인의 가치관과 관련되어 있어서 어느 쪽이 옳다 혹은 틀리다라고 단정 지을 수 없다. 다만 내가 얘기하고 싶은 것은 세상을 떠나는 사람들 가운데 아이가 있었으면 좋았을 거라며 눈물짓는 사람이 많았다는 사실이다.

아이를 간절히 원했지만 갖지 못한 환자 D가 있었다. 그녀는 몇 해 전에 남편과 사별하고 자신도 말기 암과 싸우고 있었다. 일가친척 하나 없었던 그녀는 모든 것을 혼자 이겨내고 스스로 결정했다.

심지어 자신의 장례까지 직접 챙겨야 했다. 하지만 그녀는 단 한 번도 고독이라는 단어를 입에 담지 않았다. 남편을 먼저 떠나보냈을 때 그녀의 주위에는 이미 아무도 없었다. 그런 일을 겪고 나니 자신의 마지막을 미리 예상하고 마음을 굳게 먹었으리라. 그녀에게 고독은 이미 자신의 일부였다.

그런 그녀가 어느 날 병원 복도에서 어린 손자가 미는 휠체어를 탄 다른 환자를 부드러운 눈길로 쳐다보고 있었다. 그 순간 나는 그녀의 얼굴에 복잡한 심경의 파도가 밀려오는 것을 눈치챘다. 그녀는 혼잣말을 중얼거리듯 나에게 말했다.

"선생님, 저도 자식이 있었더라면……."

그 슬픈 목소리를 나는 지금도 잊을 수 없다.

이십 년 전, 부인과 두 딸을 버린 아버지가 있었다.

"좋아하는 사람이 생겼어."

이 한마디를 남기고 아버지는 가족 곁을 떠나 애인의 품으로 달려갔다. 남겨진 어린 두 딸은 하염없이 울었다. 어머니는 아무 말도 없이 두 딸의 얼굴을 품에 감싸 안았다. 아이들을 데리고 여자 혼자서 살아가는 게 몹시 버거웠지만 어머니는 열심히 일했다. 가난하긴 했어도 두 딸은 밝고 씩씩하게 자랐다. 그런데 너무 무리한 나머지 어머니는 두 딸이 스무 살이 채 되기도 전에 세상을 떠났다.

두 딸이 느낀 슬픔은 이루 말할 수 없었다. 딸들은 아버지를 원망했다. 자신들을 버린 아버지를 절대 용서할 수 없었다. 그런데 어머니가 돌아가신 지 십여 년의 세월이 흐른 어느 날, 두 자매 앞으로 전보가 도착했다. 아버지가 말기 암에 걸려 사경을 헤매고 있다는 충격적인 소식이었다. 딸들은 혼란스러웠다. 생각조차 하기 싫은 아버지였다. 어머니와 자신들을 버렸고 어머니가 일찍 세상을 떠나게 만든 장본인이었다. 어머니의 가르침에 따라 반듯하게 자란 두 딸이었지만 아버지를 쉽게 용서할 수는 없었다.

딸들은 모질게 따지려고 아버지 병실을 찾았다. 분노와 슬픔이 뒤범벅된 복잡한 심정으로 병실 문을 연 두 딸의 눈앞에는 암세포가 뇌로 전이되어서 의식마저 오락가락하는 앙상하게 마른 노인이 누워 있었다. 그날부터 두 딸은 지극 정성으로 아버지를 돌봤다. 아버지의 의식은 끝내 돌아오지 않았지만, 마지막 순간까지 두 딸은 아버지 곁을 지켰다.

이 모습을 보면서 나는 처음에 두 딸의 행동이 도무지 이해가 가지 않았다. 그렇지만 아무 말 없는 아버지에게 따뜻한 햇빛과 같은 사랑을 보내는 두 딸의 행동을 지켜보면 볼수록 그들이 함께하지 못한 가족의 시간을 되돌리고 있다는 사실을 깨달았다.

실리를 따지거나 이해관계를 생각하며 가족을 만드는 사람은 아마 없을 것이다. 사랑과 신뢰로 맺어진 가족은 자신을 지켜주는 든든한 버팀목이자 운명의 끈이다. 그러기에 죽음의 문턱에서 그 끈이 흔들리거나, 혹은 가족 가운데 누군가를 잃게 될지도 모르는 절박한 순간이 다가오면 사람은 가족이라는 끈을 더 세게 부여잡으려고 한다. 사실 아이를 낳고 키우는 일은 결코 쉬운 일이 아니다. 엄청난 정성과 시간은 물론 어마어마한 비용이 드는 일이기도 하다. 부모는 살아 있는 동안, 아니 죽는 순간까지도 자식을 걱정한다. 자식이 훌륭하게 자라서 누가 봐도 성공한 인물이 되었다 해도 부모는 앉으나 서나 자식 걱정이다. 오죽하면 '무자식 상팔자'라고 했을까! 하지만 아이를 키우면서 맛보는 보람은 돈으로 계산할 수 없다. 자신이 키운 자식들의 보살핌 속에서 편안하게 눈을 감는 환자를 보고 있노라면 이런 생각이 절로 든다.

'아이를 낳고 키우는 데 들인 막대한 비용과 수고는 마음의 안식으로 돌아오는구나.'

열여덟 번째 후회

자식을
혼인시켰더라면

나이가 지긋한 아주머니 환자가 나를 붙잡고 푸념
을 늘어놓았다.

"선생님, 우리 애들이 아직 결혼을 못했지 뭐예요."
"아, 네. 그러세요?"
"딸애는 벌써 서른 중반이라우. 아이고, 내가 죽기
전에는 아무래도 어렵겠지요?"
"그게 애쓴다고 되는 문제는 아니니까요. 결혼이란
건 정말 어려운 일 같아요."

그때 갑자기 환자의 눈에 반짝 섬광이 비쳤다.

"맞아요, 선생님. 그래서 말인데. 선생님이 저희 딸
자식을 거두어주시면……."

나는 환자의 말이 채 끝나기도 전에 재빨리 병실을
나왔다.

)))))●((((

　결혼은 지극히 개인적인 문제다. 나 또한 독신으로 살고 있기 때문에 누군가가 결혼 얘기를 꺼내면 곤란해지곤 한다. 그러나 세상의 모든 부모에게 자식의 결혼은 단지 당사자만의 문제로 치부해버릴 수 없다는 사실을 병원에서 일을 하면서 깨닫게 되었다. 실제로 많은 환자가 죽음을 앞에 두고 결혼시키지 못한 자식을 걱정하고 안타까워했다. 그들에게 자식의 결혼은 본인의 일이자 책임이었다.

　늦게 결혼을 하거나 혹은 아예 결혼을 하지 않는 건 요즘의 사회적 경향인 듯하다. 그 영향으로 30대 혹은 40대 독신 남녀가 크게 증가하고 있다고 한다. 집안마다 다르겠지만 결혼을 바라보는 시각은 세대 간에 그 차이가 크다. 오늘날 장년층 이상의 어르신들은 '미혼未婚'이 아닌 '비혼非婚'을 선언하는 젊은이들을 이해하기 힘들어 한다. 또 만혼 풍조에 얼굴을 찌푸리기도 한다.

그래서인지 그들은 결혼할 생각이 전혀 없는 자식들의 속내가 무척이나 궁금한 모양이다. 장성한 자녀에게 직접 묻기는 껄끄러운지 대신 나에게 묻는 일이 많다.

자식 혼사를 매듭짓지 못한 부모들은 마지막 순간에 할 일을 다하지 못했다며 후회한다. 그도 그럴 것이 먼 길을 떠나야 할 때 세상에 혼자 남겨진 자식이 있다면 어찌 마음이 무겁지 않겠는가?

간혹 이런 부모의 짐을 덜어주려는 자식들도 있다. 살날이 얼마 남지 않은 부모의 소원을 들어주기 위해 신붓감이나 신랑감을 찾아서 사방팔방 뛰어다니는 것이다. 어느 환자의 딸은 병상에 누워 있는 아버지에게 신랑감을 데려오기 위해 정신없이 결혼 상대를 찾아다녔다. 그 마음이 하늘에 전해졌는지 아버지가 세상을 떠나기 직전 사위 될 사람을 소개시킬 수 있었다. 아버지는 떨리는 손으로 예비 사위의 손을 잡으며 말했다.

"내 딸을…… 잘…… 부탁하네."

유언이나 마찬가지였던 이 말 덕분인지 사위는 장인 어른의 뜻을 받들어 부인을 진심으로 아끼고 사랑하며 행복한 가정을 꾸렸다고 한다.

그러나 이런 미담은 간혹 있는 일일 뿐, 결혼은 당사자의 의지가 가장 중요한 문제라 가볍게 말할 수 없다. 아무리 부모가 막무가내로 우겨도 당사자가 마음이 없으면 결혼에 골인하기는 어렵다. 그렇다면 병상에서 자녀를 들들 볶아서 서로 힘들어지기보다는 자녀에게 결혼을 해서 가정을 꾸리는 일이 얼마나 멋지고 좋은지를 미리 알려주는 게 더 효과적인 방법일지도 모른다.

한편 결혼과는 별개로 일정한 나이가 되면 자녀를 독립시키는 편이 부모와 자녀 모두에게 더 낫다는 생각이 든다. 혼자서 생활한다고 모든 문제가 해결되는 것은 아니지만 '나 홀로' 생활은 여러 면에서 자녀의 자립을 돕는다.

가끔 동물의 세계를 보여주는 텔레비전 프로그램에서 일정한 시기가 되면 새끼를 멀리 떠나보내는 어미의 모습이 등장할 때가 있다. 그런 장면을 보고 있노라면 고등학교를 졸업하고 성인이 되고 사회인이 되어도, 심지어 서른이 넘어도 자식을 품에 꽁꽁 붙들어두는 것은 인간밖에 없는 것 같다는 생각이 든다.

"결혼은 무슨 결혼, 우리랑 오래오래 같이 살자구나!"

"결혼해서 신랑이 속 썩이면 언제든지 엄마, 아빠 품으로 다시 돌아오렴."

철없는 부모라고 해야 할까, 이기적인 부모라고 해야 할까? 저출산의 영향도 있겠지만 요즘 부모들은 자식 사랑이 너무 과하다. 부모의 과잉보호 때문에 어엿한 성인이 되어서도 진찰실에서 자기 생각을 말하지 못하고 아빠나 엄마를 찾는 일도 흔하다. 과연 이런 자녀가 결혼해서 진정한 부모가 될 수 있을까? 사랑을 받기만 하고 준 적이 없는 아이들이 과연 누군가를 진실로 사랑할 수 있을까? 사람을 사랑하려면 꿋꿋하고 강인한 정신력이 필요하다. 사랑의 장애물을 넘고 이겨낼 만한 불굴의 힘이 필요할지도 모른다. 서른, 마흔이 되어서도 부모 그늘 아래서 의식주를 해결하면서 과연 강인한 정신력을 키울 수 있을까?

많은 부모들이 병들어서 먼 길을 떠나야 할 때 눈에 넣어도 아프지 않은 자식이 눈에 밟혀 가슴을 치며 후회한다. 이런 후회를 조금이라도 줄이려면 자식을 독립시키고 적당한 때에 결혼시켜야 한다.

또 자식 입장에서도 무엇이 최선인지 생각하고 지체 없이 행동에 옮겨야 한다. '자식을 결혼시켰더라면' 하고 후회하는 부모의 마음은 우리가 생각하는 것보다 훨씬 크고 간절하다.

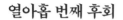

열아홉 번째 후회

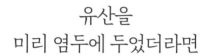

유산을
미리 염두에 두었더라면

터놓고 말하기 불편한 이야기라고 꺼리는 사람들도 있겠지만 건강할 때 유산 문제를 확실히 해두어야 나중에 황당하고 곤란한 일을 피할 수 있다.

유산과 관련된 이야기는, 재벌이나 자산가보다는 오히려 '난 남겨줄 것이 하나도 없어요'라고 말하는 평범한 사람들에게 꼭 들려주고 싶다.

거액의 재산을 자랑하는 재벌은 죽기 전에 상속 문제를 미리 매듭짓는 경우가 많지만, 가진 것이 별로 없다고 생각하는 사람들은 자신이 죽은 뒤에 일어날 일에 대해서는 그다지 신경 쓰지 않는다. 그러나 본인이 죽고 나서 가족들이 사이좋게 유산을 나누어 가질 거라고 기대하는 것은 금물이다. 목돈이 들어 있는 적금 통장이나 아파트 한 채 때문에 형제가 남남보다 못한 사이로 틀어지는 일은 흔하디흔하다.

이런 일들은 어마어마한 부자들의 얘기가 아니라 우리 주변에서 벌어지는 일이다. 물론 자녀들이 부모 재산에는 전혀 마음을 두지 않아도 될 만큼 자립하여 풍요로운 생활을 누리고 있다면 더 바랄 게 없다. 하지만 대부분의 사람들은 집 한 채 마련하는 데 허덕이거나 아이들 뒷바라지에 한 푼이 아쉬운 현실에서 살아가고 있기 때문에 유산 분배에 민감해질 수밖에 없다.

유산 문제를 생각할 때 또 한 가지 염두에 두어야 할 부분이 바로 병간호다. 말기 의료 현장에서 보면, 간호를 책임지는 환자 가족의 부담은 상상하기 힘들 정도로 고달프다. 이런 힘겨운 상황을 모른 척하고 모든 자녀에게 똑같이 재산을 물려준다거나, 혹은 날마다 병실에서 환자를 돌보는 자식을 제쳐 두고 장남에게 더 많은 재산을 남겨주는 바람에 분쟁이 벌어지는 일을 자주 보았다. 힘들게 환자를 돌보는 가족에 대한 배려가 부족해 서로 마음이 상하는 것이다.

내 생각에 유산은 그 액수의 많고 적음을 떠나서 가족끼리 진솔한 대화를 나눈 뒤 병간호와 병원비 문제를 고려해 최대한 공평하게 나누는 것이 바람직하지 않을까 싶다. 이때 가장 중요한 것은 반드시 사전에 충분히 대화를 해야 한다는 사실이다. 이 방법이 나중에 큰 문제를 막는 가장 바람직한 방법이다.

그렇지만 세상은 내 바람대로 평화롭게 흘러가지는 않는 것 같다. 간혹 부모의 재산을 똑같이 나누기로 했다는 사실에 안도한 채 부모의 병실에는 얼굴 한 번 보이지 않는 자녀가 있는가 하면, 재산 분배에 만족하지 못하고 불합리한 결론을 내린 자식들이 서로에게 행패를 부리는 모습을 보며 병석에서 남몰래 눈물 흘리는 환자도 있다.

또는 부모한테 잘하는 정도에 따라 상속 지분을 바꾸어서 이것이 또 분쟁의 불씨가 되는 일도 있다. 실제로 나는 상속 금액에 따라 병든 부모를 대하는 자식들의 행동이 판이하게 달라지는 쓸쓸한 현실을 자주 접했다.

건강할 때 사후 문제를 생각하고 미리 준비하는 일은 쉬운 일이 아니다. 몸과 마음이 약해진 병상에서 유산 문제까지 신경 쓰려면 고통이 배가 된다. 그렇다고 가족들에게 사후 문제를 남기고 떠나면 자칫 다툼의 원인이 될 수도 있으니 힘들더라도 이 점을 꼭 유념해두자. 소중한 사람들이 서로 불신하고 다투는 모습을 보지 않기 위해서라도 이러한 불씨를 애초에 없애는 것이 중요하다. 건강할 때 내 생각을 확실히 전하고 온 가족이 한자리에 모여서 이야기를 나누거나, 제삼자가 보는 자리에서 문서로 확실히 해두는 유언장 작성도 추천하고 싶은 방법이다. 물론 서로를 믿고 사랑하면서 유산 문제를 포함해 가족 구성원의 가치관을 서로 공유하는 시간을 자주 갖는다면 그보다 더 좋은 일은 없을 테지만 말이다.

스무 번째 후회

내 장례식을
생각했더라면

누구나 한 번쯤은 자신의 장례식 모습을 상상해보곤 한다. 얼마나 많은 사람이 찾아올까? 누가 가장 슬퍼할까?

하지만 실제로 자신의 장례식을 직접 준비해야 한다면 묘한 기분에 휩싸일 것이다. 흔히들 장례식은 남은 사람들의 몫이라 여기기 때문이다.

)))))◐●●(((((

　지금도 내 마음 깊은 곳에 또렷이 남아 있는 환자들이 있다. 그들은 유독 죽음을 두려워하지 않았다. 대개 죽음 앞에서는 크고 작은 동요를 하기 마련인데, 그 환자들의 눈빛에서는 후회도 두려움도 전혀 느껴지지 않았다. 그들은 마지막 순간을 덤덤하게 기다렸다.

　그중 하나가 P였다. P는 자신의 장례식을 손수 준비한 환자였다. 그 여자 환자는 장례의 모든 절차를 세밀하게 알아보고 담담하게 준비했다. 대개 장례식의 주인공은 자신의 장례식을 검소하게 치르고 싶어 하지만, 보내는 가족들의 마음은 그렇지 않을 때가 많다. P도 마찬가지였다. 그녀는 자신의 장례식을 되도록 간소하게 치르고 싶어 했지만 가족들은 그렇지 않은 모양이었다. 그래서 그녀는 자신의 장례식에 필요 이상으로 거품이 들어가는 일이 못마땅해 스스로 꼼꼼하게 장례식을 준비하게 된 것이었다.

P는 직접 장의사와 상담하면서 사후 자신이 원하는 조용한 장례식을 위해 병실에서 차근차근 계획을 세웠다. 나는 그녀가 죽고 나서 그녀의 바람대로 소박하면서도 엄숙한 장례식이 치러졌다는 소식을 전해 들었다.

요즘에는 장례 절차도 꽤나 복잡하고 제법 큰돈이 든다. 시신을 누일 관에도 등급이 있다는 이야기를 듣고 나는 깜짝 놀랐다. 사실 이런 문제는 지극히 개인적인 일이라 가족끼리 상의해서 원하는 방식으로 준비하면 될 것이다. 그런데 떠나는 당사자가 조촐한 장례식을 원하는데 정작 보내는 가족들이 장례식에 엄청난 돈을 낭비한다면 이는 분명 잘못된 방식이 아닐까 싶다.

한 가지 중요한 사실은 장례식의 주인공이 이미 이 세상 사람이 아니라는 점이다. 당연한 이야기겠지만 식의 주인공이 장례식을 주관할 수 없는 것이다. 자신의 장례식이 마음에 들지 않는다고 해서 상주인 아들 혹은 딸한테 잔소리를 늘어놓을 수도 없는 노릇이다.

이런 안타까움을 조금이라도 덜기 위해서 요즘은 살

아 있을 때 장례식을 올리는 사람들이 많다고 한다. 생전 장례식이라면 자신의 바람대로 식을 진행하고 조문객들의 애도도 하늘이 아닌 땅에서 직접 보고 들을 수 있기 때문이다. 생전 장례식까지는 아니더라도 살아 있을 때 자신의 장례식을 한 번쯤 생각해보고 여건이 된다면 구체적으로 결정해두는 것은 어떨까?

앞서 소개한, 자신의 장례식을 미리 준비한 그 환자는 죽음은 전혀 두려워하지 않았지만, 주위에 민폐를 끼치는 것이 싫어 세심하게 신경을 썼다. 그런 마음으로 자신이 떠난 뒤 사랑하는 가족들이 당황하지 않게 사전에 사후의 모든 것을 정리하고 떠났던 것이다. 환자의 혜안에 절로 고개를 숙이면서, 사전에 장례식을 준비하는 일이 얼마나 지혜로운 선견지명인지 감탄했다.

병세가 나빠지면 만사가 다 귀찮다. 게다가 의식이 혼미할 때는 자신의 장례식을 떠올릴 수조차 없다. 죽음을 앞두고 미리 장례 준비를 해두면 나중에 무거운 짐 하나를 덜 수 있으리라. 좀처럼 하기 어려운 일이지만 후회를 줄인다는 의미에서 조심스럽게 권해본다.

스물한 번째 후회

건강을
소중히 여겼더라면

"가장 소중한 건 건강, 건강이란다. 이제야 그걸 깨달았으니……."

큰아버지가 말기 암과 사투를 벌일 당시 했던 얘기를 나는 아직도 생생히 기억한다. 그렇다. 무슨 일을 하던 건강이 제일이다. 저마다 인생관에 따라 행복의 우선순위는 다를 테지만 건강이 가장 소중하다는 사실은 모든 사람에게 통하는 진실일 것이다.

)))) ◗ ● ● ◖ ((((

'건강하지 않으면 인생에서 어떤 도전도 불가능하다!'

인생의 매 순간마다 도전을 삶의 목표로 삼았던 큰
아버지는 점점 쇠약해지는 육체 앞에서 심한 좌절감을
느꼈을 것이다. 실제로 내가 보고 듣고 겪었던 큰아버
지의 일은, 죽음을 눈앞에 두고서야 비로소 건강의 소
중함을 깨우치고 뒤늦게 후회하는 사람은 물론 건강한
사람에게도 반드시 들려주고 싶은 이야기다.

그러나 내가 이러한 예를 들어가며 건강의 중요성
을 역설하면 꽤 많은 사람이 "선생님, 저는 평소에 건강
에 굉장히 신경 쓰고 있습니다"라며 큰소리를 치곤 한
다. 건강에 관심을 갖는 정도로 그치지 않고 건강 정보
를 줄줄이 꿰고 있는 사람도 부지기수다. 물론 항상 건
강을 의식하고 건강 정보에 늘 관심을 갖는 일은 권장
할 만하다.

하지만 근거 없는 정보에는 제발 속지 말라고 당부하고 싶다. '저녁에 마시면 다음 날 아침이 가뿐합니다!'는 식의 과장된 문구로 선전하는 건강보조식품은 효능 면에서 정확한 증거를 제시하지 못하는 경우가 대부분이다. 과학적인 통계 없이 두루뭉술한 문구로 포장할 따름이다. 그런데도 현란하고 자극적인 광고는 사람들의 심리를 교묘히 파고들어 '규칙적인 식생활만으로도 충분히 건강을 지킬 수 있다'는 만고의 진리까지 무너뜨린다.

세상에 넘쳐나는 건강 정보 역시 정확하지 않은 경우가 많다. 언제나 한번 걸러서 음미하는 태도가 필요하다. 예를 들어 고혈압이나 고지혈증 같은 증세가 복합적으로 나타나는 '대사증후군'을 생각해보자. 요즘은 열기가 다소 누그러진 듯하지만, 얼마 전까지만 해도 '대사증후군'이라는 병명은 일본 신문지상을 화려하게 장식했다. 대사증후군 치료가 곧 무병장수의 대명사로 통했던 것이다. 물론 대사증후군에 관심을 갖고 식생활 개선과 생활 습관을 바로잡자는 취지는 훌륭하다. 그렇지만 대사증후군 치료가 마치 건강의 모든 열쇠를 쥐고 있는 듯 맹신하는 일은 한 번쯤 의심해봄 직하다. 무엇보다 중요한 사실은 대사증후군이 초래하는 심혈관 질환이 가장 큰 사망 원인이 아니라는 점이다. 그렇다면 어떤 질병이 해마다 몇십만 명의 목숨을 앗아가는 데 가장 큰 영향을 주는 걸까?

결정적인 사망 원인을 밝히기에 앞서 효능이 의심스러운 건강식품이나 검증되지 않은 민간요법이 어떤 문제점을 갖고 있는지 잠시 짚어보자.

일부 악덕업자나 무면허 의료시술자는 '이 약을 먹고 병이 씻은 듯이 나았다'는 내용의 체험 사례를 소개하며 사람들을 유혹한다.

안타까운 사실이지만 어떤 물건을 팔 때 '1'의 가치를 '1'이라고 곧이곧대로 팔면 이익이 남지 않는다. 판매자는 실제 물건이 지닌 가치보다 더 크게 부풀려야 이익을 올릴 수 있다고 믿는다. 따라서 제품을 보다 많이 팔기 위해서는 소비자의 구매 욕구를 부추기고 제품의 가치를 포장하는 상술이 필요하다.

건강식품에서 소비자, 특히 환자들의 시선을 끄는 강력한 포장법은 무엇일까? 바로 체험담이다. '나는 이렇게 암이 나았다!'는 광고 문구를 대하는 순간, 솔깃해지는 것이 사람 마음이다. 만약 자신이 비슷한 처지에 놓여 있다면 이러한 문구는 더욱 절실히 와닿으리라.

'말기 암 치료는 고통을 덜어주고 행복한 시간을 보내는 데 치중해야 한다'라고 아무리 설득해도 '암은 낫는다'는 달콤한 말을 이길 수 없다. 실제로 나는 죽음을 코앞에 두고서도 아무 효험이 없는 건강보조식품을 고집하는 환자를 적잖이 접했다.

그렇다면 과연 체험담에 실린 내용은 믿을 만한 것일까? 판매자는 광고에 등장하는 완치 환자가 몇만 명 가운데 유일한 경우는 아닌지, 그 식품 때문에 증상이 좋아진 것이 확실한지, 다른 이유로 호전된 것은 아닌지 등, 기본적인 사항을 충분히 검증할 의무가 있다. 소비자 역시 몇 퍼센트 환자에게 효과가 나타났는지, 체험담에 등장하는 질병이 악성이었는지, 쉽게 치유할 수 있는 가벼운 상태였는지 등 글의 모든 내용을 예리한 시각으로 읽어야 한다. '암'이라고 적혀 있어도 당사자의 병이 정말 암이었는지 아닌지는 근거가 명시되지 않는 한 무조건 믿지 말아야 한다.

내가 이러한 얘기를 하면 진실을 은폐하려고 한다거나 서양 의학을 맹신한 나머지 의사 눈에는 보이지 않는 치료법을 무시한다고 목소리를 높이는 사람도 있겠지만 이는 허무맹랑한 말이다. 특히 검증되지 않은 무면허 시술은 과학적인 포장으로 그럴싸하게 등장하는 일이 자주 일어나니 주의할 필요가 있다. 통계 자료 역시 항상 의심하고 꼼꼼히 뜯어보아야 한다.

다시 사망 원인 이야기로 돌아와 보자. 현재 우리의 생명을 위협하는 가장 무서운 공공의 적은 바로 '암'이다. 사망 원인 1위를 차지하고 있는 암은 매년 30만 명 이상의 목숨을 앗아간다. 사망 원인 2위는 대사증후군과 밀접한 관련이 있는 심장질환으로, 1위와 2위의 격차는 배에 이른다. 이 같은 사실에서도 알 수 있듯이 대사증후군이 가장 큰 사망 원인인 양 조장해 건강 정보를 맹신하도록 만드는 것은 마땅히 잘못된 일이다.

그럼 여기서 잠시 암의 실체를 파헤쳐보는 일도 의미가 있을 듯하다.

오늘날 전체 인구에서 세 명 가운데 한 명은 암으로 사망하는데, 실제 암에 걸린 사람의 수는 이보다 좀 더 많아서 두 명에 한 명 꼴로 암을 만난다고 한다. 다시 말하면 지금 이 글을 읽고 있는 당신과 나 둘 중 한 명은 암에 걸린다는 뜻이다. 부부 가운데 어느 한쪽은 암에 걸릴 가능성이 있고, 한 명의 자녀를 둔 가정이라면 세 식구 가운데 누군가 한 사람은 암에 걸려 죽음에 이를 수 있다는 말이다.

물론 이 통계 수치에도 맹점은 있다. 이를테면 이미 사망한 사람의 사인 분석을 살아 있는 사람에게 똑같이 적용하는 것은 아무래도 무리다. 그렇기 때문에 데이터 수치를 신중하게 받아들여야 한다.

가파르게 증가하는 암 환자 수치를 두고 일각에서는

현대의 식생활과 환경이 암을 증가시키는 주범이라는 단순한 논리를 펼치기도 하는데, 이러한 판단은 성급하다고 본다. 암의 진범 찾기는 꾸준히 진행 중이고 원인 유전자가 밝혀진 혈액 암을 제외하고는 암의 실체는 여전히 베일에 가려져 있다. 따라서 불규칙한 생활 습관 때문에 암에 걸렸다거나, 혹은 과도한 스트레스가 암의 주범이라고 단편적으로 말하기는 어렵다. 암을 초래하는 원인은 여러 요소가 서로 얽히고설키어 있기 때문에 식품첨가물이나 환경오염 탓이라고 단정 짓는 일 자체가 무의미하다는 뜻이다.

그렇다면 '공공의 적'인 암을 예방하려면 어떻게 해야 할까? 암 예방법에 관해서는 다양한 이론이 있기 때문에 구체적인 지식은 전문적인 건강 서적에 맡기기로 하자. 이 책에서 강조하고 싶은 것은 단 하나다.

'암을 100퍼센트 피할 수 있는 예방법은 없다!'
언뜻 절망스러워 보이는 문장이지만 그렇지 않다.

미심쩍은 암 예방법에 현혹되지 말고 누구나 암에 걸릴 수 있다는 사실을 미리 숙지하는 게 가장 중요하다. 암은 조기에 발견해야 그 싹을 미리 자를 수 있다. 따라서 자신도 예외가 아니라는 잔인해 보이는 진실을 인정하는 것은 암에 대처하는 가장 현명한 방법이다.

정기적인 건강 검진을 통한 조기 발견. 이것이 내가 강력하게 추천하는 암 예방법이다. 이때 형식적인 건강 검진은 암의 조기 발견에 크게 도움이 되지 않는다는 사실을 유념해야 한다. 흔히들 회사에서 우르르 몰려가 단체 검진을 받고 안심하곤 하는데, 이런 검진은 생활습관병 예방에는 적당할지 모르나 암의 조기 발견에는 무력하다. 그도 그럴 것이 혈액 검사와 흉부 X선 검사만으로 초기 암을 발견하기는 어렵기 때문이다. 만약 아주 기초적인 건강 검진에서 암을 발견했다면 이미 암세포가 번져서 더는 손쓰기 어려운 경우가 대부분이다.

자신의 소중한 건강을 위해 일 년에 한 번, 정확한 정밀 검사를 받자. 정밀 검사로는 주요 장기의 상태를 살피고, 신체의 미세한 변화를 볼 수 있는 PET**Positron**

Emission Tomography, 양전자 방사 단층촬영법 검사가 바람직하다. 더불어 위내시경, 여성이라면 유방암 검진도 매년 받아야 한다.

그러나 정밀 검사에서 가장 큰 걸림돌은 역시 비용이다. 마흔이 넘으면 일 년에 한 번은 PET 검사를 하는 게 좋다고 생각하지만, 비싼 검사료는 누구에게나 큰 부담이 아닐 수 없다. 물론 비용 대비 효과를 따져 봤을 때 다양한 의견이 있을 수 있다. 그러나 '검사를 통해 조기에 발견했더라면 이렇게 세상을 떠나지는 않을 텐데……'라는 후회가 눈을 감는 마지막 순간에 밀려올 것 같다면 일찌감치 정밀 검사를 받는 편이 더 낫지 않을까? 죽는 순간에 후회해본들 아무 소용이 없을 테니.

흔히 암은 증상이 나타나면 이미 늦었다고 한다. 실제로 환자들을 살펴보면 스스로 증상을 감지할 무렵에는 말기로 치닫고 있는 경우가 대부분이다. 증상이 없을 때, 건강할 때 미리미리 정밀 검사를 받는 것이 중요한 이유가 바로 그 때문이다.

하지만 내 주위를 둘러봐도 매년 정밀 검사를 받는

사람은 드물다. 안타까운 현실이다. 반면 어느 기업을 경영하는 지인은 일 년에 두 번, PET를 포함한 정밀 검사를 받고 있다고 한다. 일 년에 두 번이나 받을 필요가 있을까 싶지만, 건강을 중시하는 그의 태도는 남다르다.

"회사 식구들 때문에 죽을 수 없습니다."

이것이야말로 건강을 차별하는 사회라 할 수 있지 않을까? 부유층은 훌륭한 정보를 수집하고 교환하면서 돈에 구애받지 않고 필요한 검사를 받는다. 덕분에 암에 걸려도 조기에 발견해 다행히 죽지 않고 삶을 이어간다. 그러나 서민들은 검증된 정보보다 텔레비전 광고와 민간요법에 더 친숙하다. 또 경제 사정상 제대로 검사를 받지 못하다가 말기 암을 발견하고 항암 치료를 받는다. 항암 치료는 비용도 만만치 않지만 무엇보다 근본적인 완치를 하기 힘든 경우가 대부분이다. 결국 암을 치료하지 못하고 죽음에 이른다.

문제는 큰 병이 되기 전에 돈을 쓸지, 병에 걸리고 나서 큰돈을 들일지 판단하는 일이다. 어차피 쓰는 돈, 완치하지 못하는 치료보다는 조기 발견에 쓰는 게 낫지 않을까? 그렇다면 완치는 덤으로 따라올 것이 분명하니까.

물론 정기적으로 검사를 한다 해도 조기에 암을 발견할 가능성이 100퍼센트라고 장담할 수는 없다. 그렇기 때문에 갈등하는 마음은 당연하다. 그래도 검사를 받아라! 그렇다면 눈을 감는 순간 후회하는 한 가지가 줄어들 것이다.

"건강은 건강할 때 지키자!"

누구라도 말할 수 있는 이 당연한 진실이 숨을 거두는 마지막 순간을 후회 없이 만드는 중요한 나침반이다. 부디 '최소한'의 건강은 확보하길 바란다. 건강하지 않으면 아무것도 할 수 없을 테니까.

스물두 번째 후회

좀 더 일찍
담배를 끊었더라면

"제가 만약 담배를 피우지 않았더라면 이렇게 마냥 죽음을 기다리지는 않았겠죠? 좀 더 일찍 담배를 끊었더라면……. 지금 후회해봤자 아무 소용없지만요."

))))》●《《《（

  죽음의 문턱에서 자신의 흡연 습관을 후회하는 환자를 자주 접한다. 흡연은 발암의 가장 큰 원인이다. 발암뿐 아니라 심혈관 질환이나 폐질환도 일으키는 독성을 지닌 기호품이다.

  나는 흡연을 두 가지 이유에서 권하지 않는다. 먼저 저절로 줄어들고 있는 수명을 일부러 단축시키려고 덤벼들 필요는 없다는 점, 그리고 담배가 없으면 인생이 금방이라도 무너질 것 같은 중독에 빠진다는 점이 바로 그것이다.

  내가 가장 싫어하는 흡연자 부류를 꼽는다면, '담배를 피우면서 꼬박꼬박 세금을 내는 애연가들은 사회 선善이다!'라고 주장하는 사람들과 임신 중에도 담배를 피우는 임산부다. 세금을 내세우며 흡연을 정당화하는 사람들의 억지 주장을 들으면 목소리를 높여 그들에게 소리치고 싶다. "담배 연기에서 비롯된 건강장애가 세금을 훨씬 웃도는 금전적 불이익을 안겨주고 있다는 사실, 아시나요?"라고. 또한 임산부의 흡연은, 부모는 자녀의 건강을 챙겨야 할 의무가 있으므로 절대 말리고 싶은 일이다.

무엇보다 담배를 피우면 암에 걸리기 쉽다. 폐암, 식도암, 후두암 등에 노출될 확률이 담배를 피우지 않을 경우에 비해 몇 배는 높아진다. 만약 당신이 흡연자라면 이 문제를 어떻게 생각하는가?

"그래도 괜찮습니다. 저는 담배를 끊을 수 없어요. 담배는 제 인생에서 유일한 낙이거든요"라고 말하며 줄담배를 피워대던 골초들도 병에 걸리면 반드시 후회하는 모습을 심심치 않게 봐왔다. 병에 걸린 다음에 후회해도 아무 소용없다는 것은 당신이 더 잘 알 것이다.

나의 큰아버지도 담배를 피우지 않았지만 폐암 진단을 받았다. 담배를 피우지 않아도 암에 걸리는 경우가 보고되는 마당에 발암의 책임을 담배에만 전가할 수는 없다. 임상 의학의 세계에서 '절대'라는 단어는 감히 쓸

수 없으니까. '만성 폐쇄성 폐질환'이라고 부르는 호흡기 질환, 예를 들면 폐기종을 야기하는 주요 원인도 담배 연기인데, 아무리 폭식과 폭음을 일삼아도 당뇨병에 걸리지 않는 사람이 있듯, 제아무리 골초라도 폐공기증으로 고생하지 않는 사람도 분명 존재한다.

하지만 일반적으로는 오랫동안 담배를 피우면 폐에 무리가 가서 각종 질병에 걸리기 쉽다. 폐공기증을 절대 우습게 봐서는 안 된다. 극심한 고통을 동반하는 무시무시한 질병이다. 만성 폐질환의 주요 증상인 호흡곤란은 심신을 쇠약하게 만든다. 숨쉬기가 곤란해지면 불안과 공포가 엄습한다. 더욱이 폐 장애가 심해지면 평생 휴대용 산소통을 달고 다녀야 하는 최악의 사태를 맞을 수도 있다. 오랜 흡연 습관은 심각한 호흡기 질환을 유발할 가능성이 아주 높다.

한창 젊을 때 건강을 자만하다가 나이가 들어서 돌이킬 수 없는 후회를 할지도 모른다. 특히 한 개비 피운다고 해서 바로 눈에 띄는 변화가 나타나지 않는 담배의 특성상, 담뱃갑에 무시무시한 경고문을 명시해도 쇠

귀에 경 읽기일 뿐이다. 담배의 실체를 자각했을 때는 이미 '게임 오버'다.

담배를 피우지 않아도 살아가는 데 전혀 문제가 없다. 흡연가들은 제멋대로 담배에 중독되어서 담배 없이는 못 살 것처럼 착각하고 수명을 단축시킨다.

이는 정말 바보 같은 이야기 아닌가! 담배와 함께 동반자살해도 좋다는 강심장이 아니라면, 끊어라. 금연과 동시에 암에 걸릴 확률도 그만큼 줄어든다.

흔히 담배를 끊으려는 사람들이 빠지기 쉬운 함정이, 담배를 완전히 끊지 않고 조금씩 양을 줄이면 암에 걸릴 확률도 줄어들지 않을까 하는 생각인데 전혀 그렇지 않다. 한 개비를 피우나 열 개비를 피우나 몸에 해롭기는 매한가지다. 담배에 관해서는 '조금씩' 혹은 '적당히'라는 말이 통하지 않는다는 사실을 꼭 기억하라.

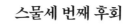

스물세 번째 후회

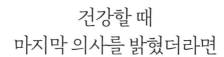

건강할 때
마지막 의사를 밝혔더라면

나는 저술이나 강연 등 기회가 닿을 때마다 사람들에게 존엄한 죽음을 위해 임종의 순간을 고민하고 자신의 마지막 의사를 명확히 해두라고 간곡히 호소한다.

하지만 주위를 둘러보면 극단적인 상황을 가족과 허심탄회하게 이야기하는 사람은 거의 없는 듯하다.

)))))●《《《《

텔레비전 드라마나 영화를 보면, 생과 사를 넘나드는 상황에서 가족들과 대화를 나누거나 두 발로 걸어다니는 장면을 쉽게 접할 수 있다. 이는 말 그대로 드라마 속 이야기다. 현실은 절대 그렇지 않다. 드라마에서는 시청률을 올리려면 불치병에 걸린 소녀가 입술을 파르르 떨며 마지막 대사를 읊어야 하기 때문에 어쩔 수가 없다.

죽음을 앞에 둔 사람은 말 한마디를 이어가기 힘들뿐더러 의식이 없는 경우가 많아 전혀 움직이지 못한다. 게다가 '사랑하는 가족과 함께'가 아니라 중환자실에서 호스나 기계, 의사와 간호사에 둘러싸여 있는 경우가 훨씬 많다.

이런 상황에서 환자는 과연 자신의 생각과 의사를 또렷이 전할 수 있을까? 대답은 명백하게 '아니오'다. 죽기 직전에는 이렇게 하고 싶다거나 저렇게 해달라고 생각하는 일 자체가 버겁다. 스스로 생각하고 마음먹은 바를 전할 수 없는 상황, 곧 갓난아이로 되돌아간다.

아니 갓난아이라면 기본적인 욕구는 확실하게 전하려고 하므로 오히려 나을지도 모르겠다. 가족도 '아기는 아기니까'라며 이해하고 사랑으로 보듬어준다.

하지만 죽음 앞에 선 사람은 정신이 혼미한 가운데 시간과 공간의 인지 능력이 크게 떨어지기 때문에 기본적인 욕구를 표현하는 횟수가 점차 줄어든다. 서글프지만 현장에서 접하는 현실이다.

여기서 잠시 '연명 치료'와 관련해 의미 있는 통계 자료를 소개하고자 한다. '연명 치료'란 수명을 지속시켜주는 치료로, 고통을 덜어주는 완화 치료와는 의미가 다르다.

일본 후생노동성의 '말기 의료 조사 및 검토회 보고서'에 따르면, 자신이 고통을 동반하는 말기 환자 입장에 처했을 때 '단순 연명 치료를 중단해야 한다'고 대답한 사람은 전체 일반인 가운데 21퍼센트, 전체 의사 가운데 34퍼센트, 간호사 가운데 25퍼센트, 전문 간병인 가운데 21퍼센트로, 많은 사람이 연명 치료를 원하지 않았다. 반면 자신의 환자 또는 가족이 말기 환자인 경우, '단순 연명 치료를 중단해야 한다'고 대답한 일반인은 12퍼센트, 의사 19퍼센트, 간호사 13퍼센트, 전문 간병인 11퍼센트로, 연명 치료 거부 숫자가 10퍼센트 넘게 줄어들었다.

마찬가지로 자신이 지속적 식물 상태로 더 이상 소생 가능성이 없다는 진단을 받았을 때, '단순 연명 치료를 중단해야 한다'고 대답한 일반인은 33퍼센트, 의사 39퍼센트, 간호사 30퍼센트, 전문 간병인은 29퍼센트였지만, 자신의 환자 또는 가족이 같은 상황에 처했다면 일반인 15퍼센트, 의사 17퍼센트, 간호사 9퍼센트, 전문 간병인 9퍼센트의 사람만이 연명 치료에 부정적인 입장을 나타냈다. 20퍼센트나 차이가 나는 이 수치는 환자 본인의 뜻과 가족의 뜻이 얼마나 다른지 보여주는 결과다.

가만히 생각해보면 고개가 끄덕여지는 이야기다. 자신이 죽을 때는 가망 없는 연명 치료를 받고 싶지 않지만, 가족이 아플 때는 단 하루라도 오래 살았으면 하고 바라는 것이 사람 마음이기 때문이다. 결과적으로 환자와 가족의 동상이몽 때문에 환자 본인의 의사와는 상관없이 가족들이 의료진에게 연명 치료를 간청하는 일도 흔하다.

그렇다면 마지막 순간, 어떻게 자신의 의중을 표현해야 할까? 이 질문의 모범답안은 딱 하나다. 내 의사를 중요하게 생각하는 양심적인 대리인을 미리 염두에 두는 일이다. 죽는 순간까지 자신을 대신해 입과 귀가 되어줄 사람, 자신의 진심을 전해줄 대리인을 찾아서 부탁하면 된다. 더 정확히 말하자면, 건강할 때 마지막 임종 순간을 떠올리면서 스스로 원하는 바를 종이에 기록해두는 방법이 가장 확실하다. 이런 상황이라면 이렇게 해달라는 '사전 의료지시서'가 이에 해당한다.

물론 모든 상황을 완벽하게 재현하기는 어렵겠지만, 의사가 봐도 부족함이 없는 사전 의료지시서를 준비한 환자를 실제로 본 적이 있다. 더욱이 스무 장이 넘는 문서를 매년 추가로 작성해서 세세한 부분까지 언급하고 있었다.

사전 의료지시서는 작성 자체도 의미 있는 일이지만, 무엇보다 문서를 통해 환자 본인과 가족들, 의료진이 마지막 순간까지 서로 소통할 수 있는 끈을 만들 수 있다는 데 더 큰 의미를 찾을 수 있어 권장할 만하다.

물론 그렇게까지 해도 사람 마음은 변하기 마련이다. 스무 장이 넘게 깨알같이 채운 지시서의 주인공도 해마다 내용을 수정했다. 문서는 작성한 순간, 이미 과거가 될 수 있다. 그러므로 종이에 기록한 자신의 바람대로 의료 행위가 진행된다고 장담하기 어렵다. 그래도 글로 남겨두면 아무런 준비를 하지 않는 것보다는 덜 후회한다는 사실만은 분명하다.

지시서를 작성할 때 중요한 것은, 마지막 치료와 관련해 의료진이나 가족들에게 바라는 바를 솔직하게 말해야 한다는 것이다. 그리고 의식이 혼미해져서 이성적인 판단을 내릴 수 없을 때, 나의 입과 귀가 되어줄 대

죽을 때 후회하는 스물다섯 가지

리인에게 평소 신념과 가치관을 충분히 전해두는 대화도 충분히 해두어야 한다. 최대한 세세한 일까지 언급하면서 솔직하게 속내를 드러낼수록 좋다. 어쩌면 주위 사람들은 터놓고 말하기 껄끄러운 문제를 당신이 먼저 이야기해 주기를 기다리는지도 모른다.

나는 병원에서 환자의 진심을 알아보기 위해 이런저런 질문을 던지는데, 그 과정에서 언성이 높아질 때가 종종 있다. 그런데 신기하게도 대화가 끝날 즈음에는 가슴에 품고 있던 무거운 돌을 내려놓은 듯 환자의 표정이 한결 가벼워진다.

의사는 의료 분야의 전문가이므로 환자와 가족은 의사에게 스스럼없이 묻고 희망 사항을 드러내야 한다. 그리고 그러한 대화를 통해 어떤 결론을 이끌어냈다면 의사를 전적으로 믿고 그 결정에 따라야 한다. 자신의 뜻을 밝혀야 할 문제는 확실하게 주장하고, 의사에게 맡겨야 할 치료는 맡기고 신뢰한다. 이 균형이 중요하다. 균형을 잡기 위해서라도 환자 입장에서 결코 양보

할 수 없는 문제는 끝까지 뜻을 굽히지 말고 당당하게 강조해야 한다.

실제 의료 현장에서 보면 구체적 치료법을 놓고 환자와 가족이 옥신각신하는 장면을 자주 접하게 된다. 특히 말기 의료에서는 의견 대립이 심하다. 만약 환자와 가족의 의견이 서로 다르다면, 의료진이 개입해 대화의 물꼬를 트는 방법도 추천하고 싶다. 제삼자와 함께 해결 방법을 찾아가는 것이다. 그런데 내가 지금까지 지켜본 환자들은 자신보다 훨씬 젊고 힘 있는 보호자의 큰소리에 아무런 대꾸도 하지 못하고 따르다가 조용히 떠나는 경우가 많았다. 물론 가족의 기대에 부응하는 일이 환자의 바람이자 그것이 가족의 사랑이라고 생각하는 사람도 있을 것이다.

하지만 환자 본인이 진심으로 원하지 않는 의료 행위를 가족과 의사가 마음대로 합의하여 결정한 뒤 치료를 감행하는 일은 환자에게 너무 가혹하지 않을까? 문제는 이런 안타까운 사례가 적지 않다는 사실이다. 그렇기 때문에 평소에 가족끼리 마지막 순간을 스스럼없이 이야기하는 자리가 중요한 것이다.

노파심에서 한마디 보태자면, 이럴 때는 이렇게 대처한다는 완벽한 매뉴얼 작성이 대화의 목적이 아니다. 당신의 마음을 헤아리는 가족, 보호자, 대리인이 만에 하나 문제가 생겼을 때, 당신을 대신해 정확한 판단을 내릴 수 있게 신념과 가치관, 죽음을 바라보는 생각을 전하는 데 그 목적이 있다. 죽음을 이야기한다는 것은 훌륭한 대리인을 키우는 계기가 된다.

사전 준비가 없어도 가족이 서로의 마음을 훤히 꿰뚫고 있는 모범 가정이라면 굳이 언어로 다짐해놓을 필요가 없을 테지만 이런 이심전심으로 무장된 가정이 과연 얼마나 될까? 부디 사랑하는 가족을 두고 조금이라도 가벼운 발걸음으로 떠나고 싶다면, 자신의 마지막 의사를 확실하게 밝혀두는 준비를 잊지 않길 바란다.

스물네 번째 후회

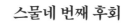

치료의 의미를
진지하게 생각했더라면

"정말 하고 싶은 일을 해야 할 때입니다."

앞으로 살 수 있는 날이 석 달 정도로 추측되는 위암 환자 M에게 나는 이렇게 말했다. 그리고 얼마 후에 그가 나에게 부드럽게 말을 건넸다.

"선생님, 벌써 이 주째네요."
"네? 이 주째라니요?"

고개를 갸우뚱하며 반문하는 나를 보고 M은 빙그레 웃으며 말했다.

"실은 제가 하고 싶은 일을 전부 해보기 시작한 지 이 주째에 접어들었거든요."
"아, 그렇군요."
"완치가 어려울 것 같다는 말을 듣자마자 바로 짐을 꾸렸죠. 여행도 가고, 못 만났던 친구들도 만났지요."

M은 여유 있는 표정으로 당당하게 말했다. 치료라는 행위가 바로 그 시간을 확보하기 위해 존재한다는 사실을 그는 잘 알고 있었던 것이다. 가족과 함께하는 시간이 늘어난 만큼 떠나보내야 하는 가족의 슬픔도, 떠나야 하는 환자 본인의 후회도 한결 가벼워졌다는 것은 굳이 말할 필요도 없으리라.

　　치료의 의미는 무엇일까? 질병을 낫게 하고 건강을 되찾는 데 그 의의를 찾을 수 있다. 하지만 세상에는 의술의 힘으로는 역부족인 병이 있는데, 이럴 때 치료는 무엇을 위해 존재할까? 불치병을 치료하는 목적은 병이 더는 악화되지 못하도록 막는 데 있다.

　　한편 환자 입장에서 완치가 어려운 병에 걸렸을 때, 가장 가치를 두어야 할 인생 목적은 무엇일까? 단순히 병마의 세력 확장을 막는 데 있을까? 물론 병이 더 진행되지 못하게 막는 치료는 환자에게 가장 중요한 일이다. 하지만 이것이 현실적으로 불가능하다면 환자와 의사는 어떻게 대처해야 할까? 어느 정도 선에서 마음을 접고 남은 생을 더 알차게 꾸려나가는 방법을 모색하는 쪽이 한정된 시간을 가장 보람 있게 보내는 최선의 방법이라고 나는 생각한다. 내 이야기에 공감하지 못하는 독자도 있을 테지만, 나는 단순히 목숨을 이어가는 '연명'이 삶의 유일한 목적은 아니라고 생각한다.

물론 인간은 죽음 앞에 서면 누구나 생명의 소중함을 뼈저리게 깨닫는다. 하지만 단순히 오래 사는 일, 목숨을 부지하는 일만이 인간이 살아가는 궁극적인 목적은 아닐 것이다. 장수와 건강은 인간이 꿈과 희망을 이루는 데 기본적인 필요조건이 아닐까?

이 세상에 빨리 죽고 싶은 사람은 아무도 없다. 그런데 불치병에 걸렸을 때, 단순히 살아 있는 시간을 일 초라도 더 많이 확보하기 위해 시술하는 치료는 상상 이상의 고통을 동반한다. 어쩌면 남은 시간의 대부분을 치료에 빼앗길 수도 있다. 특히 말기 암에서 암세포가 어느 정도 세력을 확장했다면 항암제가 오히려 독이 되는 경우도 있다.

항암 치료뿐 아니라, 말기 환자를 위협하는 치료는 너무나 많다. 게다가 건강한 사람이라면 전혀 문제가 되지 않는 수액과 수혈이 환자의 수명을 단축시키는 경우도 있다. 그런 의미에서 항암제로 다스리기 어려운 말기 암의 치료 목적은, 시간 확보와 아울러 질병에서 비롯된 통증과 항암제 부작용을 덜어주는 것이다. 완치가 어렵다면 남은 시간을 행복하게 보내는 것이 환자 본인에게는 가장 중요한 일이고, 또 그 시간을 확보하는 일이 치료의 진정한 목적인 것이다. 이는 조금만 진지하게 생각해보면 충분히 공감할 수 있는 문제다.

그런데 안타깝게도 일 분, 일 초, 단순히 생명을 연장하는 데 삶의 모든 것을 거는 사람이 있다. 그 절박한 심정을 모르는 바는 아니지만, 연명에 대한 강한 집착이 오히려 생명의 시간을 앗아간다는 진실을 깨달아야 한다. 말기 치료는 사랑하는 사람과 함께하는 시간, 자신이 간절히 원하는 바를 마무리할 수 있는 시간을 확보하는 일에 최고의 가치를 두어야 할 것이다.

　그렇다면 보다 근본적으로 의료와 의술은 무엇을 위해 존재하는가? 더욱 풍요로운 인생을 꾸려나가는 데 도움을 주는 것이 바로 의료의 진정한 목적이다. 그렇지만 안타깝게도 생명을 연장하는 연명 치료와 생활의 질을 확보하면서 마지막을 맞이하는 완화 의료는 공존하지 못할 때가 많다. 이것이 현대의학의 한계다. 게다가 연명 치료를 고집하는 동안 삶의 질은 어두운 나락으로 곤두박질칠 수 있다. 하지만 분명히 알아두어야 할 점은 환자나 가족이 치료의 선을 긋는 일은 아주 위험하다는 사실이다. 반드시 여러 전문가의 의견을 들어보아야 한다.

　최근 의료 불신이 사회 문제 중 하나로 거론되는 가운데, 마땅히 받아야 할 치료를 거부하거나 정작 도움을 주는 완화 의료는 무시한 채 몸에 해로운 처방을 고집하는 환자나 가족을 가끔 접한다. 다시 말하지만, 전문가의 의견을 듣지 않고 환자 스스로 증세를 판단해서는 절대 안 된다.

양심적인 전문가의 의견을 듣고 가족과 충분히 이야기를 나눈 뒤 치료 방법을 결정한다면, 마지막 자아실현을 할 수 있는 기회와 사랑하는 사람과 보내는 행복한 시간을 얻을 수 있을 것이다. 결과적으로 마지막 순간에 가슴을 저미는 후회가 조금은 줄어들지 않을까?

연명 치료에 매달리다가 죽음을 앞두고 땅을 치며 후회하는 사람이 적지 않다. 희망 없는 연명 치료를 중단했을 때, 비로소 진정한 희망이 판도라의 상자처럼 남아 있다는 진실을 잊지 않았으면 한다.

스물다섯 번째 후회

신의 가르침을
알았더라면

"다음 세상에서 만나요. 다음에는 더 잘해줄게요."

여러 종교를 떠나 다음 세상, 즉 '내세'라는 단어는
왠지 모르게 신비로운 분위기를 띤다. 그래서인지
나 역시 병원에서 환자를 떠나보낼 때 '다음 세상'
을 언급할 때가 많다.

　내가 자연스럽게 내세를 얘기하는 이유는 조상을
소중하게 모셨던 아버지의 영향이 큰 것 같다. 어쩌
면 내가 태어나기 한 해 전에 돌아가신 할아버지의
환생이 바로 나라는 이야기를 듣고 자란 탓에 내세
와 환생을 더욱 친근하게 느끼는지도 모르겠다.

)))))◗●◖(((((

나는 세상을 떠난 환자들이 멀리 있다고 생각하지 않는다. 심지어 실제로 다시 만날 수 있을 것 같은 느낌마저 들 때가 있다. 내세를 믿으면 좋은 점은, 이 세상의 이별은 일시적이라는 것, 그래서 다음 세상에서 우리가 다시 만날 수 있다고 위안을 받는다는 점이다.

따라서 내세의 존재는 이별의 슬픔을 치유해주는 강력한 힘을 지닌다. 그리고 우리 주위에는 이런 믿음이 필요한 사람이 꽤 많다.

영적 치료 가운데 '무라타 이론'이라는 것이 있다. 이 이론에서는 말기 환자가 영적 고통, 즉 살아 있는 의미를 찾지 못하고 영혼의 고통을 느끼는 이유를 크게 세 가지로 구분한다. 죽음을 초월한 미래에 대한 확신(시간 존재)과 신뢰할 수 있는 가족, 친구, 의료인의 존재(관계 존재), 그리고 스스로 결정할 수 있는 자유(자율 존재)가 바로 그것인데, 이 세 가지 가운데 한 가지 이상의 요소가 흔들리면 영적 고통을 느끼게 된다는 것이다. 한편 이 세 가지 요소 가운데 하나가 상실되면 이를 다른 요소로 보완함으로써 영적 고통을 완화시킬 수 있다는, 매우 흥미로운 이론이다.

마지막 시간이 다가오면 대개 자신의 일을 주체적으로 결정하고 행동할 수 없기 때문에 '자율 존재'를 상실하기 쉽다. 그래서 사람과 사람과의 관계, 곧 '관계 존재'가 중요해진다. 관계를 통해 '자율 존재'의 상실을 메우는 것이다. 또 한 가지 '자율 존재'를 보완할 수 있는 것이 죽음을 초월한 미래에 대한 확신, 곧 '시간 존재'다.

생명 윤리, 의료 윤리 등을 연구한 교토대학교 칼 베커 교수는 자신의 저서에서 현대 일본인들은 그 어느 시대보다 죽음을 가장 두려워하고 있다고 소개했다. 그리고 그 원인이 내세를 믿는 신앙이 희박해진 사실과 관련이 있다고 지적했다. 그 주장이 타당하게 들리는 이유는 종교나 신앙에 의지했을 때 우리가 얼마나 편안한 죽음을 맞을 수 있는지 잘 알기 때문이다.

그런데 단지 천국에 가고 싶다는 이유만으로 죽음 직전에 세례를 받거나 신앙을 고백하려는 사람들이 있다. 이들을 두고 천국을 훔치려는 천국 도둑이라며 비웃는 사람들도 있다. 그러나 사람들이 마지막 순간 종교를 찾는 이유는 단순하지 않다. 앞에서도 언급했듯, 내세를 확신하고 싶은 희망 때문에 종교를 찾을 수 있고, 또 마지막 순간에 삶과 죽음의 의미를 붙들고 싶은 간절한 소망 때문일지도 모른다. 어쩌면 하루하루 숨 쉬는 게 너무 고통스러워서 지푸라기라도 잡는 심정으로 종교에 매달리는 사람도 있을 것이다.

솔직히 죽음 앞에서는 직업의 귀천이나 사회적 지위 따위는 아무런 관계가 없다. 이름만 들어도 누구나 아는 대기업 회장이 죽음 앞에서 크게 절규하는 반면, 지극히 평범한 보통 사람이 오히려 죽음 앞에서 한 치의 동요도 없다. 많이 갖고 많이 누렸던 사람은 그만큼 잃는 것도 많아서 마지막 순간이 다가올수록 무언가에 매달리고 싶은지도 모른다. 평생 아쉬울 게 없었던 인생이기에 마지막까지 인생의 끈을 놓지 않으려고 집착하는지도 모르겠다.

죽음의 사신이 찾아왔을 때의 불안은 누구나 견디기 힘들 만큼 엄청나다. 이를 대비해 건강할 때 종교를 공부하고 나름의 종교관을 확립한다면 보다 편안한 죽음의 순간을 맞을 수 있을 것이다.

비단 죽음 때문이 아니더라도 종교 활동을 통해 인간사를 깨닫고 풍요로운 삶을 영위할 수 있다면 이보다 더 좋은 일이 어디 있으랴.

병상에서도 다양한 종교의 깨달음을 깨우치려고 공부에 매진한 여든이 넘은 환자가 나에게 이런 유언을 남겼다.

"자신의 눈으로 확인하고 자신의 머리로 생각하는 일이 가장 중요합니다."

여러 종교를 음미하고 깊이 생각해보는 일은 분명 의미가 있을 것이다. '인간은 생각하는 갈대다'라는 파

스칼의 명언을 굳이 상기하지 않더라도 '생각하는 일'은 인간을 인간답게 만들어준다.

믿음은 모두 허황된 것이라는 선입견을 버리고 종교에 관심을 가진다면 생각지도 못했던 발견을 하게 될지도 모른다. 자신이 찾던 인생의 진실을 만날 수 있을지도 모르고, 인간의 고뇌와 의문이 모두 하나로 귀결된다는 사실을 깨닫게 될지도 모른다. 허무하고 건조한 마음이 자연스럽게 치유될지도 모른다. 인간은 영적인 존재라는 사실을 아무쪼록 잊지 않길 바란다.

죽음을 넘어 삶을 향해

'벚꽃도 후회라는 걸 할까?'

거리에 흩날리는 벚꽃을 보면서 나는 문득 이런 궁금증이 들었다.

꽃잎들이 하늘하늘 춤을 춘다. 지는 꽃에는 아무 관심도 없다는 듯 사람들은 저마다 갈 길을 재촉한다.

기적 없이 내리는 봄비가 세상을 적시고 연약한 벚꽃은 가는 빗줄기에 뿔뿔이 흩어져 허공에 날린다.

꼬박 일 년을 기다렸다. 꽃이 피기를. 그러나 언제 활짝 피었나 싶더니 순식간에 벚꽃은 저 멀리 사라지고 만다.

꽃이 만발했을 때가 바로 꽃이 지는 순간이다. 그 순간 후회는 없을까? 절정과 동시에 세상에서 사라질 때 미련은 없을까?

봄날 아침 앞마당에는 산화한 꽃들이 마지막 흔적을 새기고 있다. 남은 꽃잎들도 먼저 떠난 이의 뒤를 좇아 잠시 허공을 여행하다가 이내 땅바닥에 떨어진다.

현관으로 이어지는 돌담은 하얀 화강암이 아닌, 엷은 분홍 꽃잎으로 뒤덮여 있다.

그렇게 모두가 떠나고 홀로 남은 나는 스스로에게 묻는다.

'벚꽃은 떠나가면서 무슨 생각을 할까? 후회는 없을까?'

그런데 산화한 꽃잎들의 표정에는 후회 따위는 느껴지지 않는다.

흔히들 '한순간'이라고 너털웃음을 짓는 인간의 일생과 비교하면, 정말 찰나를 살다 간 그들이지만 슬픔이나 미련은 없는 것 같다.

'어떻게 아무 미련 없이 떠날 수 있을까?'

아마도 그건 사는 동안, 최선을 다해 열심히 살았기 때문이리라. 시간에 관계 없이 꽃을 피운다는 소명을 완전히 이루었기 때문이리라.

인간은 어떠한가?

사람도 하루하루 생명을 부지하는 일조차 힘든 시대가 있었다. 옛사람들은 순간에 지는 벚꽃에 자신의 모습을 투영하곤 했다.

먼저 떠나는 벚꽃과 그 뒤를 따라 떨어질 벚꽃, 현대의학은 인간과 죽음을 조금 멀리 떨어뜨려 놓았지만, 자연은 변함없는 진실을 우리에게 속삭인다. '살아 있는 모든 것은 언젠가 사라지기 마련이지만, 주어진 시간을 열심히 살아내려는 생명은 후회하지 않는다'라고.

그 진리를 깨친 벚꽃은 미련 없이 떠났다.

당당한 벚꽃의 모습을 바라보면서, 나는 내가 아는 모든 사람이 후회 없는 시간을 보내기를 기도했다.

이 책에는 내가 만났던 인생 가운데, 가장 대표적인 마지막 후회를 간추렸다. 진한 공감에 고개가 절로 끄덕여지는 후회가 있다면, '나는 이런 후회는 하지 않을 것 같은데……'라며 고개를 갸우뚱하는 부분도 있을 것이다.

세상에는 수많은 인생이 있듯이 수많은 후회가 있다. 하지만 나는 사람들의 마지막을 곁에서 지켜보면서 마지막 후회의 내용에는 공통분모가 있다는 사실을 알았다. 그리고 그 공통분모를 엮어서 이 책을 써내려갔다는 점을 밝히고 싶다.

이 세상을 떠나야 할 때 사람들은 반드시 자신이 지금까지 걸어온 길을 되돌아본다. 자신의 역사이자, 자신을 대변하는 인생길이 충분히 만족스럽다면 미소를 머금으면서 다음 세상으로 향할 수 있으리라.

눈부시게 발달한 의학 기술로 육체의 고통은 줄일 수 있다. 그러나 모든 것을 마무리해야 하는 마지막 순간에 인생이라는 선생은 절대 호락호락 넘어가는 법이 없다. 한 사람의 일생을 점검하면서 마지막 숙제를 부과하는 것이다.

그 마지막 과제를 앞에 두고 많은 사람이 엄청난 마음의 고통을 겪는다. 무사히 완성한 사람도 있지만, 마지막 순간까지 해결하지 못한 숙제 때문에 괴로운 시간을 보내는 사람도 있다. 나는 그렇게 마지막 숙제를 끌어안고 울고 있는 사람들에게 힘을 주고 싶다.

이것이 내 권한 너머의 일이라는 것을 나는 잘 알고 있다. 무엇보다 각자 인생의 소유자인 개개인이 마지막 과제를 의식하고 하루를 살지 않으면 아파하는 그들에게 나는 아무런 약도 처방할 수 없다. 약은커녕 어떤 도움도 줄 수 없다는 걸 안다. 그럼에도 그들이 흘리는 눈물이 조금이나마 줄어들 수 있기를 간절히 바란다. 모든 것을 마무리해야 하는 마지막 순간, 해결하지 못한 숙제 때문에 괴로운 시간을 보내는 사람이 있다면 이

책이 그에게 조금이나마 위로가 되길 바란다.

이 책에 실린 마지막 후회들을 읽고 누군가 자신의 앞날을 보다 알차게 보낸다면 그보다 더 기쁜 일은 없을 것이다. 마지막으로 지금은 하늘나라로 떠난, 내가 사랑했던 환자들, 그 환자들에게 무엇을 해주어야 할지 함께 고민했던 환자 가족들, 그리고 지금 이 마지막 페이지를 읽고 있는 여러분에게 감사의 마음을 담아서 마지막 인사를 띄운다.

"고맙습니다."

오츠 슈이치

내 작업실 창문 너머에는 대학병원이 우뚝 서 있다.
나는 작업하다가 글이 막힐 때, 창문 밖 병원 불빛을 보
면서 생각에 잠기곤 한다.

'지금 이 순간에도 저 병원 중환자실에는 죽음과 싸
우고 있는 사람들이 있겠지. 혹시 내가 허투루 보낸 오
늘이 누군가 간절히 원했던 오늘이지는 않을까.'

이 책은 창문 밖으로 보았던 병원 중환자실에서 그
러하듯이, 매일 삶과 죽음의 경계를 넘나드는 말기 환

자를 돌보고 또 그들의 마지막을 든든히 지켜주는 호스피스 전문의가 쓴 후회 모음집이다.

수많은 이들의 마지막을 지켜본 저자는 이렇게 속삭인다.

"사람은 반드시 죽습니다. 이 글을 쓰고 있는 나도, 그리고 당신도. 죽을 때 후회할 것 같은 모든 일을 지금 하세요. 바로 지금……."

물론 저자가 엮어 내려가는 후회는 우리가 잘 아는, 혹은 어디선가 한 번은 들어봤음 직한 이야기들이다. 사람들은 떠날 때, 특별한 후회나 거창한 과업 때문에 눈을 감지 못하는 게 아니라, 바쁜 일상에서 잊고 살았던 아주 작은 삶의 진실 때문에 아파한다는 것이다.

진짜 하고 싶은 일을 하면서 꿈을 이루려고 노력했더라면. 여가 생활을 즐기면서 가보고 싶은 곳으로 여행을 떠났더라면. 사랑하는 마음을 글이나 말로 표현했더라면.

옮긴이의말

이처럼 저자가 소개하는 후횟거리는 우리가 지금 당장 실천에 옮길 수 있는 작은 행동들이다. 이 거창하지 않은 사소한 실천들이 마지막 순간, 마음의 짐이 되어 가슴을 후벼판다면 이보다 더 안타까운 일도 없을 것이다. 그런 의미에서 '내일 죽을 것처럼 오늘 지금 이 순간을 소중히 여기며 살아라!'라는 저자의 메시지는 어느 선동적인 글귀보다 커다란 울림으로 나에게 다가왔다. 마치 내가 창문 너머 병원의 중환자실을 떠올리며 죽음을 통해 삶의 고리를 더 세게 잡아당기듯, 이 책은 우리에게 죽음을 넘어 삶을 향한, 인생 나침반을 제시해준다.

그 인생 나침반을 늘 곁에 두고 활용할지 말지는 순전히 여러분의 몫이다. 하지만 이 책을 옮기는 내내, '마지막 순간, 후회하지 않기 위해' 두 주먹을 불끈 쥐었던 내 다짐들이 당신의 마음에도 꼭 전해지기를 간절히 소망한다.

끝으로 사랑하는 마음을 전하라는 저자의 이야기에

귀 기울이며, 지금 이 순간 떠오르는 사람들을 불러본다.

이 책의 첫 번째 독자이자, 본문에 등장하는 의학 전문 내용의 감수를 기꺼이 도맡아준 분당의 명의 서문성, 지난 20년 동안 화요일마다 삶에 에너지를 팍팍 불어넣어 준 '바른번역 아카데미' 일본어 실전반 6기 후배들, 그리고 나를 살아가게 하는 현진이와 또 나를 미소 짓게 하는 말자에게 사랑과 고마움을 전한다.

"정말 고맙습니다."

미소 번역가 황소연

KI신서 11751

죽을 때 후회하는 스물다섯 가지

1판 1쇄 발행 2024년 2월 14일
1판 2쇄 발행 2024년 3월 12일

지은이 오츠 슈이치
옮긴이 황소연
펴낸이 김영곤
펴낸곳 ㈜북이십일 21세기북스

J-CON팀 이사 정지은 **팀장** 박지석
디자인 STUDIO BEAR
해외기획실 최연순
출판마케팅영업본부장 한충희
마케팅1팀 남정한 한경화 김신우 강효원
출판영업팀 최명열 김다운 권채영 김도연
제작팀 이영민 권경민

출판등록 2000년 5월 6일 제406-2003-061호
주소 (10881) 경기도 파주시 회동길 201(문발동)
대표전화 031-955-2100 **팩스** 031-955-2151 **이메일** book21@book21.co.kr

㈜북이십일 경계를 허무는 콘텐츠 리더

21세기북스 채널에서 도서 정보와 다양한 영상자료, 이벤트를 만나세요!
페이스북 facebook.com/jiinpill21   포스트 post.naver.com/21c_editors
인스타그램 instagram.com/jiinpill21   홈페이지 www.book21.com
유튜브 youtube.com/book21pub

서울대 가지 않아도 들을 수 있는 **명강의!** 〈서가명강〉
'서가명강'에서는 〈서가명강〉과 〈인생명강〉을 함께 만날 수 있습니다.
유튜브, 네이버, 팟캐스트에서 '서가명강'을 검색해보세요!

ⓒ 오츠 슈이치, 2009
ISBN 979-11-7117-439-3 03180